U0935289

保密行政执法的
理 论 与 实 践

国家保密局
湖北省保密局《保密行政执法的理论与实践》课题组
武 汉 大 学

金 城 出 版 社

图书在版编目(CIP)数据

保密行政执法的理论和实践/国家保密局等主编.-北京:金城出版社,1999.8
ISBN 7-80084-255-X

Ⅰ.保… Ⅱ.国… Ⅲ.保守国家机密法-研究-中国 Ⅳ.D922.14

中国版本图书馆 CIP 数据核字(1999)第 33623 号

金城出版社出版发行
(北京市朝阳区和平街 11 区 37 号楼 100013)
河北省高碑店市鑫昊印刷有限责任公司印刷
850×1168 毫米 1/32 8 印张 173 千字
1999 年 8 月第 1 版 2001 年 5 月第 3 次印刷
印数：7001—10000 册
ISBN 7-80084-255-X/D·81
定价：10.00 元

《保密行政执法的理论和实践》

课题组成员：肖家凤
杨世保
周佑勇

执 笔 编 著：周佑勇

目　录

前　言

当前，无论是推进依法治国还是适应新形势的需要，进一步加强和改进保密工作，都要求加强保密法制建设，将保密工作逐步纳入到法制化的轨道，从而实现对保密工作的法制化管理。而保密行政执法作为一种执法活动，其目的在于将有关保密方面的法律、法规、规章及其它规范性文件付诸实施，使其在各项保密工作中得以全面、准确地执行。这既是建设社会主义法治的一个重要方面，也是保密法制建设的一个重要环节。保密行政执法对于促进保密行政管理的法制化和科学化，树立保密工作的权威，加强保密工作的力度，充分发挥保密工作在维护国家的安全和利益，保障和促进改革开放和社会主义建设事业顺利进行等方面的作用都有着十分重要的意义。同时，保密行政执法也是一个重要的理论问题，对这一问题的深入研究，不仅可以为有关保密立法和执法工作提供直接的理论指导，而且有利于促进整个行政执法理论乃至整个行政法学理论的深化和完善。但是，目前对于保密行政执法的理论研究还相当薄弱，因而亟待理论上的深入研究。

有鉴于此，1998年年初，国家保密局委托湖北省保密局和武汉大学承担《保密行政执法的理论和实践》课题研究，并成立了由湖北省保密局肖家凤、杨世保和武汉大学法学院周佑勇等三人组成的课题组。课题组在广泛开展调查研究和反复讨论的基础上，紧密结合行政法学基本原理和保密工作实际，对保密行政执法的理论和实践问题进行了较为系统、深入的研究，完成了书面研究报告和专著。

本书是《保密行政执法的理论和实践》课题研究成果之一，由周佑勇同志执笔。全书内容共分五部分：第一部分，主要研究保密行政执法的概念、地位、作用和基本原则等；第二部分，主要研究保密行政执法的执法依据，以及适用这些执法依据所应遵循的原则；第三部分，主要研究作为保密行政执法的执法主体资格及其执法人员，以及与保密行政执法主体相对应的保密行政执法对象；第四部分，主要研究保密行政执法的各种具体执法行为，及其有效成立的条件和执法程序；第五部分，主要研究保密行政执法的各种执法监督制约机制。在这五个方面的问题中，第一个问题是有关保密行政执法的一些基本理论问题，后三个问题即主体、行为、监督，实际上是执法的三个环节，第二个问题即执法依据，则是执法的前提和基础。

该课题的研究和本书的编写工作，始终是在国家保密局领导和宣传教育处的关心和支持下进行的。冯晖同志审阅了书稿，提出了许多宝贵的修改意见。同时，本书的写作还得到了有关部门同志的大力支持和帮助。在此，一并表示衷心感谢！

保密行政执法是一个理论和实践意义都十分重大但又有相当难度的研究课题，本书尚属首次对此作探索性的研究，加之水平有限，资料匮乏，书中疏漏和不足之处肯定难免，敬祈各位专家、同行不吝赐教，也热忱欢迎读者批评指正！

《保密行政执法的理论和实践》课题组

1999年2月28日

第一章　保密行政执法概述

研究保密行政执法，必须首先明确“保密”、“行政执法”和“保密行政执法”等基本范畴的涵义、特征，以及保密行政执法的地位、作用和所应遵循的基本原则等。

第一节　保密与保密行政执法

一、保密

“保密”一词，简而言之，就是保守秘密的意思。一个国家、一个政党、一个部门、一个单位或一个家庭、乃至一个个人，出于某种需要或由于相互之间的利害关系以及其他种种原因，往往都会有些事情或问题，不愿对外公开或不能无限制地让外界知道。对所有这些秘密事项进行保守和隐蔽的活动，在一般意义上都可以称之为“保密”。但是，个人、家庭的秘密，只涉及到个人和家庭的切身利益，大多数存在于人们的习惯和警惕之中，无须有专门的设施和机构来保护。而一个政党、一个国家的秘密，关系到国家的安全和利益，则需靠专门的管理机构和一整套法规、措施和办法，才能保证其安全。本书所讲的“保密”不是指一般意义上的“保密”，而是指与国家的安全和利益密切相关的保守国家秘密的活动。这种意义上的“保密”，实际上就是我们通常所说的“保密工作”。

保密工作就是指从国家的安全和利益出发，为达到保守国家秘密的目的，在一定时间内将国家秘密控制在一定的范围内，防止被非法泄露和使用，使其自身价值得到充分有效地实现所采取的一系列手段和措施。保密工作是为维护国家安全与利益，保证社会的安定与发展，对内部可能发生的危及国家秘密安全的行为和来自外部的窃密活动，依法开展的一系列防范性工作。它包括保密立法，保密宣传教育，建立健全规章制度，制定防范措施，使用先进的防范技术手段，依法进行保密检查监督，查处泄密事件等。

那么，什么是国家秘密呢？不同的国家有不同的表述。在我国，根据《中华人民共和国保守国家秘密法》（以下简称《保密法》）第二条的规定，“国家秘密是指关系国家的安全和利益，依照法定程序确定，在一定时间内只限一定范围的人员知悉的事项。”这一概念表明，国家秘密必须具备下列三个组成要素或者说三个基本特征：

（一）“关系国家的安全和利益”。这是国家秘密最本质的特征，也是区分国家秘密与非国家秘密的主要标准和确定国家秘密的内在根据。某一事项，虽不宜公开，但如果不是关系国家的安全和利益，就不能成为国家秘密。关于什么样的事项是

“关系国家的安全和利益”的事项，《中华人民共和国保守国家秘密法实施办法》（以下简称《保密法实施办法》）第四条从某一事项泄露后可能造成的后果这个角度对此作了规定。这就是：(1)危害国家政权的巩固和防御能力；(2)影响国家统一、民族团结和社会安定；(3)损害国家在对外活动中的政治、经济利益；(4)影响国家领导人、外国要员的安全；(5)妨害国家重要的安全保卫工作；(6)使保护国家秘密的措施可靠性降低或者失效；(7)削弱国家的经济、科技实力；(8)使国家机关依法行使职权失去保障。凡属泄露后会造成上述后果之一的，都属于“关系国家的安全和利益”的事项。

（二）“依照法定程序确定”。这是国家秘密的程序特征。关系国家安全和利益的事项，必须在依法履行确定相应密级的程序后，才能成为法律认可的国家秘密。所谓“法定程序”，是指《保密法》和《保密法实施办法》就确定、变更密级和保密期限以及解密所作的一系列相应的规定。即由中央国家机关会同国家保密工作部门，按照《保密法》规定的国家秘密的范围，确定本行业、本系统的国家秘密及其密级具体范围（简称保密范围）。一般情况下，各级国家机关、单位依照保密范围“对号入座”式地照章办事，确定具体事项的密级。密级一经确定即发生法律效力。对保密范围中没有规定的事项，无法“对号入座”而又符合国家秘密条件的，其密级依照《保密法》第十一条规定，由相应的国家保密工作部门或其审定的机关确定。未经国家保密工作部门审定的单位无权确定国家密级，而只能对有关事项先行拟定密级，采取相应的保护措施，再上报审批。国家秘密必须“依照法定程序确定”这一组成要素或特征强调的是确定国家秘密的统一性与合法性，防止主观随意性，从而保证定密的准确性、严肃性，避免随意确定国家秘密及其密级所带来的混乱现象。

(三)“在一定时间内只限一定范围的人员知悉。”这是国家秘密的时空特征。关系国家安全和利益的事项，一旦经过法定程序确定为国家秘密，就限定在“一定时间内”、只能是“一定范围的人员”知悉，不得让这一国家秘密事项为“一定范围”外的人员知悉。所谓保守国家秘密，实质上就是对国家秘密在保密时限和接触范围上的控制，在限定的时间内，擅自公开或扩大接触范围就会造成泄密。

国家秘密的以上三个基本要素或基本特征，是相互联系、缺一不可的。虽关系国家的安全和利益，但并不要求限制或不可能限制知悉的范围和时间的事项，就不应成为国家秘密；某一事项关系国家安全和利益，又必须限制知悉的范围，但未经法定程序确定，就无法作为国家秘密受到国家法律的保护；有的事项需要在一定时间内限制一定的接触范围，但是不需要依照法定程序确定，公开或泄露后对国家的安全或利益也不会造成某种损害，这样的事项也不应确定为国家秘密。

二、行政执法

行政执法是近年来法学界提出并具有颇多争议的新概念。依目前我国法学界的不同认识，行政执法的定义大致可分为：最广义、广义、狭义和最狭义四种。

最广义的行政执法，是指行政机关的一切行政行为，也就是指行政机关依法对国家事务进行组织和管理的全部活动。行政机关的行政行为又分为抽象行政行为和具体行政行为。前者是指行政机关制定具有普遍约束力的行为规范的行为，包括制定行政法规和行政规章的行政立法行为和制定其他具有普遍约束力的规范性文件的行为；后者则是指行政机关将具有普遍约束力的法律、法规、规章及其他具有普遍约束力的规范性文件付诸于实施，落实到具体的人或事件的活动。无论是行政机关的抽象行政行为还是具体行政行为，其性质都属于行政。这是因为，根据我国宪法的规定，各级行政机关都是同级权力机关，即同级人民代表大会及其常务委员会的执法机关。权力机关的主要任务之一是制定具有普遍约束力的法律、法规，而作为权力机关的执行机关，行政机关的主要职责则是执行权力机关制定的法律、法规，即行政。因此，行政机关的一切行政活动都应看成是行政执法活动，即使是行政立法行为，其根本目的也是实施和执行权力机关制定的法律、法规。譬如经国务院批准，由国家保密局制定和发布《保密法实施办法》这一行政立法行为，其目的就在于实施和执行全国人大常委会制定的《保密法》，因而也就属于行政执法之列。

广义上的行政执法，则是指行政机关作出的除行政立法之外的其他行政行为。也就是说行政机关除制定行政法规和规章的行政立法行为之外，其他的行政行为，包括制定具有普遍约束力的规范性文件的行为和所有的具体行政行为都是行政执法行为。将行政立法行为排除在行政执法活动之外，这主要是考虑到行政立法从本质上来说是行政机关代表国家以国家名义创制法律规范的活动，其所制定的行为规则即行政法规和规章属于法的范畴，因而和权力机关的立法活动在性质上相同，并共同构成了我国整个立法体系，同时它又与直接执行法律规范，依照法的规定处理行政事务的具体行政行为有着明显的区别。因此，行政立法应被排除在行政执法活动之外。

狭义的行政执法，则仅指行政机关的具体行政行为，它不仅将行政立法排除在外，而且进一步将行政机关制定具有普遍约束力的规范性文件的行为，即将所有的抽象行政行为都排除在外。这是因为无论行政立法行为，还是制定其他规范性文件的行为，即抽象行政行为所针对的都是不特定的人和普遍的事项，并不能直接、立即使行政机关与特定的人和事发生具体的行政法律关系。而只有行政机关将具有普遍约束力的法律、法规和规章付诸于实施，落实到具体的人和事件，才能使行政机关与特定的相对人之间形成具体的行政法律关系。

最狭义的行政执法，则仅指行政机关依法实施的能直接影响特定行政相对人权利义务的具体行政行为。按照这种理解，行政执法并不完全等同于具体行政行为，而是进一步将具体行政行为中的行政司法行为排除在行政执法范畴之外。所谓行政司法行为，是指行政机关作为第三人，依法解决某些行政争议或民事纠纷的具体行政行为，如行政复议、行政仲裁、行政裁决、行政调解等。由于行政机关解决争议或纠纷时形成的行政机关与争议双方的关系是三方法律关系，类似于普通司法程序，故如此命名。行政司法也是近年来行政法学界总结行政实践经验提出的一种新的行政行为概念，与传统上单纯执行法律、法规，影响和决定特定对象权益的执法行为有严格区别。最狭义的行政执法，正是基于这种认识角度，而将行政司法排除在外的。

从以上的分析可以看出，由于认识角度的差异和考虑问题的基点不同，行政法学界对这一概念并未形成统一的认识。我们认为，行政执法一词并非是一个法律术语，因而并不需要形成统一的认识，不同的场合可以使用不同含义上的行政执法。如在与权力机关的立法和司法机关的司法相对应时，可使用最广义上的行政执法；在与行政机关内部的行政立法相对应时可以使用广义上的行政执法；在与抽象行政行为相对应时，则可以使用狭义上的行政执法而与具体行政行为相等同；在与行政机关内部的行政立法与行政司法相对应时，则又可以使用最狭义上的行政执法。但是，无论使用何种意义的行政执法，我们都必须事先给予它一个合理的定位，即使用这一概念的条件及其含义事先要予以明确，否则又会引起不必要的混乱。在这里，我们所要研究的保密行政执法主要定位于最狭义的行政执法，主要是基于如下两点考虑：第一，作为抽象行政行为结果的行政法规、规章和其他规范性文件，将作为行政执法依据予以专门研究；第二，行政复议作为最主要的行政司法行为，将作为一种行政执法监督方式来加以研究。因此，从最狭义的角度来研究行政执法或使用的是最狭义的行政执法概念，即指行政机关依法实施的能直接影响特定相对人权利义务的具体行政行为。根据这一概念，行政执法具有下列特征：

(一)行政执法是一种行政行为行政行为即行政法律行为的简称，特指行政主体在行使权力，实施行政管理过程中所作出的具有法律意义的行为。行政执法作为一种行政行为，表明行政执法的主体必须是行政主体，包括行政机关和法律、法规授权的其他组织；其次，行政执法必须是行政主体在行使行政权力时作出的行为，在非行使行政权力时所实施的民事行为不属于行政执法；再次，行政执法是一种法律行为，具有法律意义，能产生法律效果。

（二）行政执法是一种具体行政行为

行政执法的对象是特定的人和事，属于具体行政行为，因而不同于行政立法及其他抽象行政行为，后者针对的是不特定的人和普遍性的事项。

（三）行政执法是一种具有单一对应性的具体行政行为

行政机关及其行政执法人员通过行政执法行为与行政相对人之间形成的关系属于单一对应的法律关系，即管理与被管理之间的双方关系。这不同于行政司法活动中存在的三方法律关系。行政司法中行政机关是作为行政纠纷或民事纠纷的裁决者，属于争议双方之外的第三方角色。

三、保密行政执法

在明确了“保密”和“行政执法”这两个概念的含义之后，就可以给保密行政执法作出界定。所谓保密行政执法，就是指国家保密行政主体在保密行政管理工作过程中，依据有关保密方面的法律、法规、规章及其他规范性文件，对特定相对人实施的能够影响其权利义务的具体行政行为。保密行政执法作为我国行政执法的重要组成部分，既具有上述行政执法的一般特征，又具有不同于其他行政执法的特殊属性。

（一）保密行政执法的主体是国家保密行政主体

国家保密行政主体属于行政主体中的一种，它是指享有保密行政管理职能，能以自己的名义独立实施保密行政管理工作，并能承担由此产生的法律后果的组织。在我国，保密行政主体主要是保密行政工作部门，即国家保密局和县级（含县）以上地方各级政府保密局，也包括具有保密行政管理职能的其他国家机关和单位。各个保密行政主体在各自的职权范围内，实施一定的执法活动，实现国家赋予的保密行政管理职能。

（二）保密行政执法的对象是特定的行政相对人

行政执法的对象，即与行政执法主体相对应的处于被管理地位的另一方当事人，是指行政执法活动所指向的具体个人或组织，在行政法学上统称为“行政相对人”。作为保密行政执法对象的行政相对人，就总体而言，可以是各种涉密的机关、单位和个人，但作为某个具体的保密行政执法活动的相对人又只能是特定的机关、单位或个人。保密行政执法就是保密行政主体针对特定的相对人而实施的具体行政行为，通过这种执法行为使保密行政主体与特定的相对人之间形成一种单一对应的权利义务关系。

（三）保密行政执法的依据是有关保密方面的法律、法规、规章及其他规范性文件

保密行政执法作为一种执法活动，必须有被执行的依据，这便是有关保密方面的各种法律、法规、规章及其他规范性文件。同时，保密行政执法的目的也在于将这些保密方面的法律、法规、规章及其他规范性文件付诸实施，使其在各项保密工作中得以全面、准确地执行和实现。

第二节　保密行政执法的地位和作用

一、保密行政执法的地位

保密行政执法作为我国行政执法体系的重要组成部分，在全面推进依法治国和依法行政的进程中具有十分重要的地位；同时，保密行政执法作为保密法制建设的重要环节，在加强整个保密法制建设的过程中也占有极其重要的地位。

（一）保密行政执法在依法治国和依法行政中的地位

党的十五大已正式把依法治国确立为我国的基本治国方略，要求从中央到地方的各级权力机关、行政机关和司法机关都要严格依法行使国家权力。历史经验告诉我们：权力应当有必要的制约。这种对权力的制约，在现代法治国家则主要来源于法的控制。如果权力没有法的控制，法治也就不可能存在。因此，依法治国的实质在于依法治权。而依法治权的核心在于依法治行政权，确保依法行政。这是因为，行政机关是国家机关中权力最大、人员最多、管理范围最广且灵活性最高的机关。其管理的好坏与公民、与社会利益密切相关。所以说，能否依法行政，是能否依法治国的关键。而依法行政的重心又在于行政执法。因为在我国，行政机关作为国家权力机关的执行机关，其主要职责是执法。同时，一切法律的制定，都是为了它能在社会生活中得到遵守和执行；有了法律，而不能严格执行，法就会形同虚设，失去它应有的权威。因此，严格执法既是法律的生命，也是“政府的真正生命”。

以上从依法治国到依法治权、依法行政，再到行政执法的分析中可以看出，行政执法在依法治国和依法行政中具有极其重要的地位，高度重视行政执法，是现代社会实行法治国家的必然要求。当然，行政执法涉及的领域十分广泛，只有加强各个领域的行政执法，才能全面推进依法治国和真正实现依法行政。保密行政执法作为我国行政执法体系的重要组成部分之一，其目的在于将有关国家保密方面的法律、法规、规章及其他规范性文件付诸实施，使其在各项保密工作中得以全面、准确地执行和实现，这就要求各级保密工作部门及其他保密行政执法部门必须置于法律控制之下，在法定的职权范围内，严格依法管理保密工作。这既是依法行政的题中应有之意，也是建设社会主义法治国家的一个重要方面。因而，保密行政执法在全面推进依法治国和依法行政的进程中无疑也是具有十分重要的地位。

（二）保密行政执法在保密法制建设中的地位

当前，无论是推进依法治国还是适应新形势的需要进一步加强和改进保密工作，都要求加强保密法制建设，将保密工作逐步纳入到法制化的轨道，从而实现对保密工作的法制化管理。保密法制建设包括保密立法、保密执法、保密法制宣传和保密法制监督等环节，其中主要的则是保密立法和保密执法这两个环节。加强保密法制建设的主要任务就是要加强保密立法和保密执法。前者是指随着改革的深化和社会主义市场经济的发展，进一步修改和完善《保密法》及其《实施办法》，并制定与之相配套的保密法规和规章，从而逐步形成健全和完善的社会主义保密法规体系。后者则是要建立一支由各级保密工作部门、业务主管部门和涉密企事业单位专兼职保密工作人员组成的精干有力的保密执法队伍，大力提高执法人员的执法水平，并建立一整套全方位的分层次的保密执法监督网络和查处违法的制裁机制，从而真正做到有法可依、有法必依、执法必严、违法必究，逐步形成依法管密和依法行政的保密执法体系。在整个保密法制建设过程中，保密立法和保密执法是紧密联系缺一不可的两个重要环节。具体而言，保密立法是保密执法的前提，没有健全的保密立法就不可能有完善的保密执法；保密执法又是保密立法的保障，如果没有一支精干有力的高水平、高素质的保密执法队伍，缺乏一套有效的保密执法检查监督制约机制和查处违法的制裁机制，那么，即使再健全的保密立法体系，也无法在实际生活中付诸实施，从而成为一纸空文而没有任何意义。从这个意义上来说，保密执法和保密立法同等重要，都是保密法制建设的重要环节。由此可见，保密行政执法在整个保密法制建设中也具有极其重要的地位。不重视保密行政执法，就难以真正实现对保密工作的法制化管理，保密工作部门也不可能对保密工作进行有效的管理。

二、保密行政执法的作用

从保密行政执法在依法治国、依法行政和保密法制建设中的重要地位中，我们可以看出保密行政执法对于保障保密法律、法规和规章的有效实施，对于促进和实现保密工作的法制化管理等都具有重要的作用。不仅如此，保密行政执法对于促进保密行政管理的法制化和科学化，实现保密工作的根本目的，维护国家的安全和利益，保障和促进我国改革开放和社会主义建设事业的顺利进行，以及树立保密工作自身的威信，加强保密工作的力度等都有着极其重要的作用。

（一）保密行政执法对于实现保密工作的目的的作用

《保密法》第一条开宗明义地规定了该法的立法目的，即“为保守国家秘密，维护国家的安全和利益，保障改革开放和社会主义建设事业的顺利进行”。这既是保密法的立法目的，也是各项保密工作的根本目的和任务。

为了实现这一目的，《保密法》及其相配套的法规、规章对保密工作的基本方针、原则，保密工作的管理体制，各项管理制度以及相应的法律责任都作了较为明确的规定。只有通过行政执法，严格执行这些规定，才能真正实现保密工作的目的，从而达到实现维护国家的安全和利益，保障改革开放和社会主义建设事业顺利进行的目的。

（二）保密行政执法对于树立保密工作的威信和加强保密工作的力度的作用

保密工作直接关系国家的安全和利益，因而历来是党和国家的一项重要工作。但是，长期以来，这项工作并未得到应有的重视，其重要性也未引起社会公众足够的关注。究其原因，与保密工作领域中的法制不健全有着很大的关系。随着国际形势的不断变化、高科技的迅猛发展和我国改革开放的深入发展，保密工作既面对国际敌对势力和其他势力进行窃密活动的挑战，又要承受国内存在的各种复杂情况和问题的巨大压力，因此需要进一步加强保密工作，而不是减轻和弱化保密工作。正如江泽民同志指出：“革命战争年代，保密就是保生存、保胜利，和平建设时期，保密就是保安全、保发展。在新的历史时期，保密工作做得好不好，直接影响着改革开放和社会主义现代化的进展。”

那末，怎样才能真正做好保密工作呢？一个重要的方面就是加强保密法制建设，进一步加强保密立法工作，为保密工作提供完备的法律依据；同时，也有赖于保密工作部门和保密工作人员转变观念，真正树立起执法的意识，不断增强依法行政的水平。唯有如此，才能改变人们对保密工作的认识，真正树立起保密工作在国家工作中的应有地位和社会公众心目中的威信，不断加强保密工作，充分发挥保密工作在改革开放和社会主义建设中的应有作用。

第三节　保密行政执法的基本原则

保密行政执法的基本原则可分为一般原则和特有原则两类。前者是保密行政执法与其他行政执法所共有的基本原则，后者则是保密行政执法本身所具有的不同于其他行政执法的基本原则。

一、保密行政执法的一般原则

依法治国是整个国家法制建设的总体原则，它在行政法领域里具体表现为行政法治原则或依法行政原则。依法行政原则又可分为行政合法性原则和行政合理性原则。这两个原则是目前行政法学界较为普遍认同的行政法基本原则。作为行政法基本原则的依法行政原则，即行政合法性原则和行政合理性原则，是行政主体实施一切行政行为包括各类行政执法行为都应遵循的一般原则，它同样也是保密行政执法所应遵循的一般原则。

（一）行政合法性原则

行政合法性原则，是指保密行政执法行为的实施必须具有明确的法律依据，并严格符合法律的规定，否则即为一种违法行为而应受到法律的追究。其具体内容是：

1. 保密行政执法行为必须具有明确的法律依据。所谓明确的法律依据，是指只有在法律有明文规定的情况下，才能实施相应的执法行为，法无明文规定的不得任意采取行动尤其是不得作出不利于公共利益或相对人合法权益的行为。它同时也强调，保密行政执法机关及行政执法人员要依据法律来实施相应的保密执法行为，即“依法办事”，而不得依“长官意志”或“主观意志”办事。当然，这里的“法律”一词应作广义的理解，它不仅指国家权力机关制定的法律、地方性法规，也包括行政机关制定的行政法规和行政规章。

2. 保密行政执法行为必须严格符合法律规定。保密行政执法行为的实施，不仅要有法律依据，而且还要严格符合法律的规定，而不得与法律的规定相违背。尽管保密行政执法机关及行政执法人员在实施某种执法行为时具有法律依据，但却不严格按该法律的规定实施，那么这种执法行为仍然是违法的和无效的。保密行政执法行为必须符合法律的规定，具体包括以下几个方面：

第一，必须符合法定的权限。保密行政执法行为实质上是保密行政执法机关及其工作人员对相应执法权力的运用而实施的行为。保密法对各个保密行政工作部门及其他国家机关、单位的执法权限都有明确的规定。因此，它们在实施执法行为时就必须严格符合各自法定的权限，任何超越权限的执法都是无效的。

第二，必须符合法定的程序。权限属于实体法的规定，程序则属于程序法的规定。合法行政，不仅要求符合实体法，还要求符合法定程序。违反法定程序同违反法定权限一样，都会构成对合法性原则的破坏。所谓法定程序，是指具体涉及执法行为的形式、步骤、顺序和期限等内容。因此，违反法定程序的表现形式也是多样的，如应当以书面形式作出的行政执法行为却以口头形式作出、随意增减法定步骤、行政执法行为的顺序颠倒、超过法定期限等。

第三，必须正确适用法律规定。保密行政执法行为的作出在具体适用法律的规定时如果有错误，也属于一种违法行为。适用法律有错误主要表现为五个方面：一是应当适用甲法而误用了乙法；二是应当适用某法的甲条款而适用了该法的乙条款；三是适用了尚未生效的法律规范；四是适用了已经失效的法律规范；五是适用了法律规范冲突中效力较低的法律规范。

3. 违法的保密行政执法行为应受到法律的追究。保密行政执法行为没有法律依据，或者不符合法律的规定，均构成违法。合法性原则进一步要求对这些违法的执法行为应通过一定的途径，如行政复议或行政诉讼予以撤销或确认其无效并依法追究有关责任主体的行政责任。如果该行为已在事实上造成特定行政相对人的合法权益损害的，国家还应承担相应的赔偿责任，并对主观上故意或者有重大过失的行政执法人员予以追偿，即在国家赔偿之后，由行政执法人员承担部分或者全部费用。对违法的执法行为追究法律责任，可以说是合法性原则的有力保障，否则是难以真正实行行政法治的。

（二）行政合理性原则

行政合理性原则，是指保密行政执法行为的实施应做到客观、公正、适度，符合理性，而不得滥用自由裁量权。这一原则又包括形式上的公正和内容上的合理两个方面的具体内容。

1. 形式上的公正。在国外，行政合理性一般仅指行政行为应具有的形式上的公正性，因而通常将合理性原则称为“公正原则”。它起源于英美行政法上的“自然公正”、“正当法律程序”等。具体包括三个规则：一是“任何人不能作为自己案件的法官”；二是“处理纠纷时不能偏听偏信”；三是“决定对当事人不利的事务时，应预先通知当事人并给予其发表意见的机会”。这三个规则同样适用于保密行政执法行为。它们在保密行政执法行为中的具体运用表现为：

第一，没有利害关系。这是指保密行政执法机关及其执法人员必须与其执法行为没有个人利益上的联系，否则就应予以回避。这里的个人利益，不仅包括物质利益如金钱、财物等，而且包括精神利益如感情利益、人事任免利益等。

第二，没有偏私。这不仅指保密行政执法行为实际上没有偏私存在，而且在外观上也不能让人们有理由怀疑为可能有偏私。因此，保密行政执法机关及其执法人员在实施执法行为时应不受外部压力的干扰，对所决定的事没有成见，作出决定前未私自与一方当事人单独接触过，更未接受过相对人的贿赂等。

第三，听取意见。这是指保密行政执法机关在作出执法行为时，应充分了解相对人所具有的证据材料和相对人的意见、说明，必要的时候还可以举行听证。尤其是在没有充分听取相对人的陈述或辩解之前，不得在实质上作出对相对人不利的决定。

总之，形式上的公正，就是要求行政执法行为至少要在形式上不能使人有理由怀疑它的公正性。形式上的公正是内容上合理的前提和保障，也是行政合理性的最低要求。如果某项执法行为不符合形式上的公正性，即使在内容上是合理的、公正的，也会使人怀疑该行为内容上的合理性是否存在。因此，形式上的公正是作出执法行为时所必须坚持的一项基本原则。

2. 内容上的合理。保密行政执法行为不仅应当在形式上是公正的，而且这种公正性还应当是真正存在的，即内容上也是合理的。然而，行政执法行为内容上的合理性，尤其是自由裁量权行为的适当性，其客观标准难以掌握。对同一个行政执法行为，不同的人往往会有不同的判断，即有的认为是合理的，而有的却认为是不合理的。因为人们的判断都是主观的，到底哪种判断更符合实际也是难以判断的。因此，可以说，内容上的合理性体现了行政执法活动更深层次的内涵，是对行政执法行为，尤其是自由裁量行为的进一步要求，尽管如此，为了实现行政执法行为内容上的合理性，根据长期的实践，理论上认为内容上的合理性应包括：第一，基于正当的动机。动机不正当的行为不可能是内容上合理的行为。第二，合乎情理。即合乎日常生活中一般人都能作出的判断或意思表示。第三，不应有不相关考虑。所谓不相关考虑是指行为实施时考虑了不应当考虑的因素，以及没有考虑应当考虑的因素，这些都构成内容上的不合理。第四，不得滥用自由裁量权。此外，内容上合理的行政执法行为，也不应当是专断的、应作为而不作为的或不适当拖延的行政执法行为。

二、保密行政执法的特有原则

保密行政执法不仅应遵循上述与其他执法行为共有的一般原则，还应遵循不同于其他执法行为的特有原则。根据《保密法》及其他保密法规、规章的有关规定，保密行政执法的特有原则可概括为三个，即维护国家安全和利益的原则，积极防范与突出重点的原则，确保国家秘密又便利各项工作的原则。

（一）维护国家安全和利益的原则

国家的安全和利益，涉及到国家的领土完整、主权独立和政权巩固，关系到社会稳定、经济繁荣和人民安居乐业，往往构成一个国家首要的、最高的利益。而国家秘密与国家的安全和利益紧密相联。在我国，《保密法》明确将“关系国家的安全和利益”确定为区分国家秘密与非国家秘密最主要的标准。这表明，保密工作正是通过保守国家秘密的活动，来达到维护国家安全和利益的目的。在当前主要体现为保障和促进改革开放和社会主义现代化建设的顺利进行，保证国家的安定团结和政治稳定。我国要进行改革开放和社会主义现代化建设，没有国家的安全和稳定作保证，是不可能顺利进行的，而改革开放和现代化建设的顺利进行，社会生产力的发展，综合国力的增强，人民生活水平的提高和改善，既是实现国家的根本利益，又可为维护国家的安全提供物质保障。

维护国家的安全和利益，不仅是保密工作的根本目的，也是《保密法》的立法宗旨和本质所在。《保密法》第一条对此已作了明确规定。因此，它应该作为一项基本原则贯彻于保密工作的全过程，无论是保密立法还是保密执法乃至整个保密工作都应以此为出发点和归宿。保密法制建设以及整个保密工作的好坏,可以以是否有利于国家的安全和利益作为检验的标准。保密行政执法作为保密法制建设的重要环节和一项重要的保密工作，其出发点和目的同样应该是维护国家的安全和利益。各项保密行政执法活动都应认真遵守和贯彻执行维护国家安全和利益的基本原则。

(二)“积极防范”与“突出重点”的原则

《保密法》第四条明确将“实行积极防范、突出重点”作为新时期我国保密工作的基本方针和指导思想，这同时也包括保密行政执法在内的保密法制建设所应遵循的基本原则。

1.“积极防范”的原则

积极防范,就是把保密工作的立足点和着眼点放在预防上,以防为主，“未雨绸缪，防患于未然”。要主动地把工作做在前头，尽一切努力消除可能造成泄密的隐患，堵塞可能泄密的漏洞，以最大限度增加国家秘密的安全系数，防止泄密事件的发生；一旦发生泄密时，要尽快采取相应的补救措施，及时组织查处，最大限度地减少损失。要做到“积极防范”，一是要大力加强保密宣传教育工作，把保密宣传教育贯穿于各项涉密工作的全过程。二是要建立健全保密法规和保密规章、制度，并严格执行，做到有法可依，有章可循，有法必依，有章必循。三是要积极开发和利用先进的保密技术，采取科学的行政管理措施保护国家秘密的安全。四是要强化保密监督检查，保障和促进保密工作在组织领导和管理工作方面的落实,在人员思想、法规、规章、制度以及各项技术措施等方面的落实。五是要加强对新情况新问题的调查研究，不断总结、推广保密工作先进经验，鼓励、表彰在保密工作中做出显著成绩的单位和个人，调动社会各个方面的积极因素，充分发挥各方面的积极性，共同做好保守国家秘密的工作。可见“积极防范”是保密工作各个方面、各种手段的共同本质特征，它应当作为基本方针、指导思想和基本原则贯穿于整个保密工作之中。

“积极防范”同样是保密行政执法的着眼点和立足点，是贯穿于保密行政执法活动全过程的基本原则。保密行政执法贯穿和执行这一基本原则的具体要求主要体现在如下方面：

第一，保密行政执法机关和行政执法人员要有高度的警惕性和自觉性。保密行政执法机关和行政执法人员在保守国家秘密的活动中处于管理者的地位，起着骨干和带头作用，因此他们自身必须首先树立国家安全和国家利益观念，保持高度的警惕性，应充分认识到保密工作同维护国家安全和利益的密切关系，充分认识到保密工作对我国改革开放和现代化建设的重要保障和促进作用，增强保密观念、纪律观念和法制观念，提高保守国家秘密的自觉性。

第二，在保密行政执法过程中要始终贯穿保密宣传教育。积极防范在很大程度上是通过保密宣传教育来实现。而从一定意义上讲，保密宣传教育是保密行政执法的一种特殊形式。因为在保密检查等执法活动中，针对有关机关、单位及其工作人员在保密工作方面存在的问题，宣传保密工作的方针、政策，讲解有关保密法规及保密知识，更易于引起执法对象对其所存在问题的重视，更有利于提高认识，使宣传教育对防范工作产生实际效果。同时，对执法中发现的问题和经验，加以综合分析，从中找出规律性的东西，实际上也是为普遍性的宣传教育提供丰富的材料。因此，在保密行政执法过程中要始终贯穿保密宣传教育，寓宣传教育于行政执法之中，将两者紧密结合起来。

第三，要严格执行保密法规，强化保密监督检查。积极防范的原则，在我国保密法规的各项规定中都得到了充分的体现。如《保密法》第三章共 14 条规定的保密制度与措施规定，就是根据“积极防范”原则制定的。因此，要贯彻执行积极防范的原则，就必须在各项保密行政执法活动中，严格执行《保密法》及其他保密法规、规章，并建立健全监督检查机制，切实加强保密监督检查，尤其是守法的监督，即对各部门、各地方是否严格遵守和执行保密法律、保密法规、保密规章等的监督检查。也就是说，保密行政执法机关及其执法人员一要自己严格执法，二要监督他人严格守法，只有这样才能使保密法各项规定包括为贯彻“积极防范”原则而规定的各项措施和制度在各项保密工作中得以切实贯彻执行。

2. 突出重点的原则

突出重点，是指保密工作要分清主次，抓重点，抓主要矛盾，不能不分具体情况地平均使用力量。这主要体现在几个方面：第一，从国家秘密的等级来说，密级高的、对国家安全和利益影响大的是重点，例如“绝密”级的国家秘密，即通常所说的“核心秘密”，就应当是保密工作的重点，必须确保。第二，从国家秘密的分布来说，国家秘密比较集中的、秘密等级较高的地区、部门、单位和部位是重点。例如，就全国而言，党政军领导机关所在地，政治、经济、科技和外交活动的中心是重点，因为这里集中的秘密不仅多，而且密级高；就一个单位来说，产生、保存、使用国家秘密较多和密级较高的部门、单位是重点。第三，从知悉和掌握国家秘密的人员来说，领导干部、重要涉密人员是重点。他们知悉的国家秘密多、密级高，在工作中稍有不慎，极易造成泄密。第四，从时间来说，同一地区、部门和单位在不同的时间，保密工作也会有不同的重点。

突出重点作为保密工作的重要原则，已在我国保密法中得以明确规定，并体现在保密法规的各项规定之中。保密行政执法作为保密工作的一个组成部分，同样也必须遵循突出重点的原则。同时，保密行政执法的重点与整个保密工作的重点也是一致的。因此在各项保密行政执法活动中必须认真贯彻执行突出重点的原则。譬如，在保密行政检查中，必须把领导干部和重要部门的保密情况作为保密检查的重点。检查领导干部是否在保密工作中起带头表率作用，是否关心和支持本部门、本单位的保密工作，是否认真研究解决保密工作中存在的实际问题；检查保密重点部门是否有完善的保密规章制度，是否明确专人负责，日常保密工作管理是否落到实处，每一次检查，都应该有重点、有充分的准备，力求取得最大的效果。

积极防范的原则和突出重点的原则又是密切联系的。突出重点不是只顾重点，不顾一般，而是在积极防范的思想指导下，在全面防范的基础上进行的。而积极防范，也不是不分具体情况地平均使用力量，只有通过突出重点，抓好重点，才能真正从根本上实现防范的目的。因此，保密行政执法还应注意两者的关系，一定要对它们进行全面、完整、准确地理解，切忌片面孤立地看问题。

（三）“既确保国家保密又便利各项工作”的原则

“既确保国家秘密又便利各项工作”是《保密法》第四条规定保密工作的方针的内容之一，同时也是包括保密行政执法在内的各项保密工作所应遵循的基本原则之一。它要求在具体工作中，要正确处理保密工作与各项业务工作的关系，保密工作要便利各项业务工作的开展，各项业务工作的开展又要十分注意保密，二者不可偏废。处理好二者关系的标准，要有利于维护国家的安全和利益，有利于保障社会主义建设事业的顺利进行。

“保密”和“便利工作”相互之间并不是绝然对立，而是相成不悖、辩证统一的关系，必须把二者有机地统一起来。要“保”，就必须有一定的限制，但限制措施不能影响相关工作的正常开展；要“便利”，就应使国家秘密发挥应有的效益和作用，并及时根据情况的变化和开展业务工作的需要依法作出相应的调整，但是又不能使国家秘密泄露给不应知悉的人员。因此，既要“保密”又要“便利工作”，应该理解为兼顾的思想，也就是说“保密”要注意便利各项工作的开展，不能片面强调保密而不兼顾业务工作的实际需要；开展各项业务工作又必须注意保密，不能借口便利工作或图方便而使国家秘密处于无安全保障的状态。

既确保国家秘密又便利各项工作的原则对各项保密工作都具有指导意义，必须把它贯穿于各项保密工作的全过程。保密行政执法同样如此，也必须切实贯彻并遵循这一原则。因此，保密行政执法机关及其执法人员应以这一原则作为指导思想和总标准开展各项执法活动。譬如，在保密检查中，要依法、正确行使职权而不能影响被检查单位的业务工作；被检查单位应主动、积极地接受和配合保密检查工作，以实现共同的目的。同时，在保密检查执法活动中，执法机关也应以这一原则作为标准，检查被检查单位是否正确地贯彻执行了这一原则。

三、保密行政执法基本原则的特征

（一）法律性

保密行政执法的基本原则首先是一种基本的法律准则，它和作为保密行政执法依据的各种具体保密法律规范一样，具有普遍的法律效力。这就是保密行政执法基本原则的法律属性。这种法律性表明，保密行政执法的基本原则是保密行政执法活动所必须遵循的行为准则，否则即为一种违法行为，应承担相应的法律责任。同时，它也表明，作为法律意义上的保密行政执法基本原则具有国家强制性，因而不同于一般的政治性原则，如“党政分开原则”等，也不同于一般的行政管理原则，如“科学性原则”、“效率原则”等。

（二）普遍性

保密行政执法的基本原则同时也是一种普遍性的原则，它贯穿于保密行政执法的全过程，普遍适用于保密行政执法的各个环节。也就是说，它是各类保密行政执法行为都必须遵循的共同准则，而不是为某一环节、某一类保密行政执法行为所具有的具体原则。

（三）指导性

保密行政执法的基本原则还是对所有的保密行政执法活动起指导意义的原则，对保密行政执法活动具有导向性的作用。这种指导作用具体表现在如下方面：第一，当执法人员在执法过程中遇到作为执法依据的保密法律规范难以理解或条文相互抵触而感到无所适从，不知如何适用时，可以借助于保密行政执法的基本原则作指导，从而比较准确地理解和适用执法依据及其具体条文，防止执法时出现大的偏差。第二，当执法人员在执法过程中遇到缺乏具体明确的执法依据或者规定时，可以直接根据保密行政执法的基本原则及其精神内核进行执法，从而弥补执法依据及其具体条文的漏洞，保证执法的顺利进行。这正是研究保密行政执法基本原则的意义之所在。

第二章　保密行政执法依据

行政执法作为一种执行“法”的活动，首先必须有被执行的“法”即执法依据。如果不具备“法”或欠缺执法依据这一基本要素，则行政执法如同空中楼阁而无基点，所谓的行政执法也就会成为毫无意义的东西或者仍表现为旧的行政管理模式和人治行政。同时，行政执法还必须正确适用执法依据。因此，明确执法的依据及其适用规则是行政执法的前提和基础。

第一节　保密行政执法依据的概念和种类

一、保密行政执法依据的概念

从一定意义上讲，保密行政执法就是将预先制定的保密法律、法规、规章以及行政规范性文件等普遍性的行为规范适用于特定相对人或事项的活动。这些预先制定的行为规范即为保密行政执法依据。它们是保密行政执法活动借以成立的根据，也是衡量保密行政执法行为合法性的标准。

二、保密行政执法依据的种类

保密行政执法的依据主要有两大类，即保密行政法律规范和保密行政规范性文件。

（一）保密行政法律规范

1. 保密行政法律规范的概念和结构

保密行政法律规范，也称保密行政法规范，是法律规范的一种，是指国家有权机关制定的，由国家强制力保证实施的有关保密工作方面的行为规范。它是保密行政执法的法定依据，也是其最主要的依据。

保密行政法律规范在逻辑结构上，同其他法律规范一样，由“适用条件”、“行为模式”和“法律后果”三部分组成。这三个部分或三个构成要素紧密相联，缺一不可，缺少了其中任何一个要素，就不成为法律规范。

第一，适用条件。它是指法律规范中适用该法律规范的条件和情况的部分。在执法活动中，只有当法律规范所规定的条件和情况出现时，才能适用该法律规范。这里的条件主要是指法定的事实条件，任何执法行为都必须符合法定的事实条件，否则就是违法和无效的。

第二，行为模式。它是指法律规范中规定的行为准则。它为人们的行为提供了一个标准和方向，属于法律规范的核心部分。行为模式从法律规定上看，包括可以这样行为、应当这样行为、不应当这样行为或禁止这样行为三种基本类型，即授权式行为模式、命令式行为模式和禁止式行为模式。

第三，法律后果。它是指法律规范中规定的人们的行为符合或违反该规范时将会产生何种结果的部分。法律规范必须规定相应的法律后果，否则就等同于空洞的道德说教，难以发挥其在社会生活中的准则和规范作用。法律规范的后果可分为两类，一类是肯定性的后果，另一类是否定性的后果。前者是指法律规范肯定该行为的合法性和有效性，并加以保护、赞许或奖励。如《保密法》第七条规定："在保守、保护国家秘密以及改进保密技术、措施等方面成绩显著的单位或者个人，应当给予奖励。"后者是指法律规范否认该行为的合法性和有效性，并给予相应的法律制裁，这种制裁主要表现为追究法律责任。如《保密法》第四章关于"法律责任"的规定。

这里应注意，法律规范与法律文件既有联系又有区别的。法律文件是法律规范的载体，没有法律文件，就不会有具体的法律规范。但是，虽然法律文件主要是用来表现具体的法律规范的，但法律文件的内容又不完全限于法律规范。例如有关法律原则、法律概念的规定以及法律生效日期的技术性规定等，虽为建构某一具体法律文件所必须，但它们并不是法律规范。同时，尽管法律规范的三个组成部分，通常规定在同一个法律文件之中，但有时也分别规定在不同的法律文件之中。因此，在适用法律规范进行具体的执法行为时，一定要纵观各种有关的法律文件，以使准确地把握法律规范内在的逻辑联系，避免出现适用法律规范的错误。

另外，法律规范和法律条文也是不能相等同的。法律条文是法律规范的文字表现形式，法律规范要通过法律条文来加以表达，完整地表达某一具体的法律规范是法律条文的目的。但是，在大多数情况之下，一个具体的法律条文并不能完整地把一项法律规范的全部要素表达出来，而往往要通过几个法律条文的共同规定，才能构成某项完整的法律规范。因此，在适用法律规范进行执法活动时，也应注意适用法律条文来准确地分析法律规范内在的逻辑关系，以免发生适用法律规范的错误。

2. 保密行政法律规范的分类

为了准确地适用法律规范，有必要对法律规范进行科学的分类。按照不同的标准，法律规范可作不同的分类。针对行政法律规范的特殊性并结合法律规范的一般性，保密行政法律规范主要划分为如下几类：

其一，授权性规范、命令性规范和禁止性规范。授权性规范，又称权利性规范，是指规定行为人可以作出某种行为的法律规范。命令性规范和禁止性规范通常合称为义务性规范。前者是规定行为人应当作出某种行为的法律规范，如《保密法》第二十九条规定的："机关、单位应当对工作人员进行保密教育，定期检查保密工作。"后者是规定行为人不应当作出某种行为的法律规范，如《保密法》第二十四条规定的"不准在公共场所谈论国家秘密。"上述分类只是就一般情况而言的，就国家行政机关来说则只有相对意义，不能绝对化。因为行政机关的职权和职责通常是交织在一起的，从一个侧面看是职权，从另一个侧面看是职责，不能断然分割开来。如保密检查既是保密行政执法机关的职权又是它的职责，它不能抛弃这种职权，若抛弃即构成失职，要追究其法律责任。这种授权性规范与义务性规范互为一体而形成的一种特殊规范，又称之为"权义复合规范"，多数行政法律规范属这类规范。

其二，确定性规范、委任性规范和准用性规范。确定性规范是指明确规定某一行为规则内容的法律规范。法律规范应当明确、具体，因而确定性规范是法律规范的主体部分，即多数法律规范都应是这类规范。委任性规范，又称非确定性规范，是指没有明确规定行为规则的内容，而委托或授权某一机关加以具体规定的规范。由于这类规范所规定的是某机关可以对行为规则加以具体规定的权利，因而它属于上述分类中的授权性规范。如《保密法》第十条规定："国家秘密及其密级的具体范围，由国家保密工作部门分别会同外交、公安、国家安全和其他中央有关机关规定。"就是一例。准用性规范，是指没有直接规定某一行为规则的内容，而只是规定在适用该规范时，准许援用它所指定的其他有关规范的规定。例如《保密法实施办法》第五条"保密范围应当根据情况变化适时修订，修订的程序依照《保密法》第十条的规定办理"就属准用性规范。必须注意的是，准用性规范虽然与委任性规范一样，都没有规定行为规则的具体内容，都需要引用其他法律条文，但是，准用性规范所参照的法律规范是事先实际存在的，立法机关只是为了避免立法的烦赘而没有在规范中加以重复规定。显然，准用性规范也应当看作是确定性规范，只不过是没有把准用的具体内容在该项法律规范中直接表达出来而已。

其三，强行性规范与任意性规范。强行性规范是指所规定的权利、义务具有确定的性质，不允许任意变动和伸缩的法律规范。任意性规范，则是指在规定范围内允许行为人自由选择、自主决定其权利义务的法律规范。行政法律规范中，两类法律规范并存，其中允许行政主体在规定范围内自由裁量的任意性规范较多。

其四，实体性规范和程序性规范。实体性规范是指规定当事人实体权利、义务的法律规范。主要有规定行政机关职责权限的规范、行政执法人员权利义务的规范、行政相对人权利义务的规范等。程序性规范是指规定保证实体权利义务得以实现的操作方面的规范。主要有行政检查、行政处罚、行政许可等行政程序规范和申请复议、提起诉讼、请求赔偿等行政救济规范。行政法律规范中，往往实体性规范和程序性规范不可分离，共存于一个法律文件之中。

其五，权限规范、组织规范、行为规范和监督规范。权限规范是指赋予行政机关或其他组织以一定的行政权及明确权限行使范围的规范，凡违背权限规范的行为即属无效行为。组织规范即对权力行使主体的内部结构作出规定的规范，包括有关部门行政机关的设置、编制等法律规范和行政机关工作人员的录用、培训、考核、奖惩、职务升降、辞职退职和退休等法律规范，不符合组织规范的主体是不合格的行政主体，其行为也是违反组织规范的行为。行为规范在这里主要是指规定行政主体应如何作出行政行为的规范，既包括实体性行为规范也包括程序性行为规范。监督规范是指规定对行政主体实施的行政行为进行监督制约的法律规范，主要涉及行政复议、行政赔偿和行政诉讼等行政救济方面的规范。

3. 保密行政法律规范的形式

作为行政执法依据的行政法律规范，必须通过一定形式的载体表现出来。行政法律规范的形式，也称行政法律规范的渊源，就是行政法律规范藉以表现的法律形式。这些形式构成了行政法律规范的整个法律规范体系。保密行政法律规范的具体表现形式主要有：

（1）保密法律

法律有广义和狭义之分。广义的法律是指所有的规范性法律文件。这里仅指狭义上的法律，即国家最高权力机关制定的规范性文件，包括全国人民代表大会制定的基本法律和全国人民代表大会常务委员会制定的一般法律。法律的效力低于宪法，而高于行政法规、地方性法规和规章。

保密法律是指国家最高权力机关制定的有关保密方面的法律，目前在我国主要有两类：一类是保密法典，即《保密法》。该法较为完整地规定了我国保守国家秘密的各个方面的问题，是我国目前第一部统一的保密法典，是我国保密法律体系中的主体部分，也是保密行政执法基本的执法依据。另一类是具有保密条款的其他法律。这些法律中包含的主要是其他方面的法律规范，仅仅部分内容是有关保密方面的法律规范。如《专利法》、《档案法》、《公民出入境管理法》、《统计法》、《国家安全法》、《海关法》等。这些法律中关于保密的法律规范，也是我国保密法律的重要组成部分。此外，还有一些法律属于普遍性法律，即用于规定行政管理领域中共同性的问题，并普遍适用于所有行政执法的法律，又称一般性法律，如《行政处罚法》、《行政监察法》等。它们尽管没有专门的保密规定，不属于保密法律，但同样适用于保密行政执法，成为保密行政执法的执法依据。

（2）保密法规

法规通常也有广义和狭义之分，广义的法规与广义的法律同义，泛指所有的规范性法律文件。这里所讲的保密法规也仅指狭义上的法规，即行政法规和地方性法规。

行政法规特指国务院制定的规范性法律文件，其效力低于宪法和法律，但高于地方性法规和规章。国务院制定的行政法规，其中有关保密方面的行政法规就是保密行政法规。它主要也有两类：一类是专门的保密行政法规，目前主要有《保密法实施办法》，该行政法规是对《保密法》各项法律规定的具体化，是保密行政法规体系中的主干部分。二是具有保密行政执法规定的其他单行行政法规。如《专利法实施细则》、《档案法实施办法》、《发明奖励条例》、《国家安全法实施办法》等。此外，还有一些适用于保密行政执法普遍性的行政法规，如《公务员暂行条例》、《行政复议条例》等。虽不属于保密行政法规，但也应成为保密行政执法的依据。

地方性法规是指特定的地方国家权力机关制定的规范性法律文件。有权制定地方性法规的特定地方国家权力机关包括省、自治区、直辖市的人民代表大会及其常务委员会，省、自治区人民政府所在地的市和经国务院批准的较大市的人民代表大会及其常务委员会。地方性法规通常也包括民族自治地方即自治区、自治州和自治县的人民代表大会依法制定的自治条例和单行条例。地方性法规的效力低于宪法、法律和行政法规，不仅不能与之相抵触，而且地方性法规只是在本行政区域内有效。地方性保密法规主要有专项的地方性保密法规和有保密条款的其他地方性保密法规。

（3）保密规章

规章分为部门规章和地方性规章两类。部门规章一般是指国务院各部门制定的规章，又称专门规章。地方性规章一般是有关地方人民政府，包括省、自治区、直辖市人民政府以及省、自治区政府所在地的市和国务院批准的较大市的人民政府制定的规章。保密规章也可分为部门保密规章和地方保密规章两类。部门保密规章，即中央国家机关各部门制定的规章，它包括如下几个方面：一是国家保密工作部门即国家保密局单独制定的或者会同中央国家有关主管部门制定的，在全国广泛适用的保密规章，如根据《保密法》第二章第十条授权制定的分行业的《国家秘密及其密级具体范围的规定》，第三章第十四条授权制定的有关确定《国家秘密保密期限的规定》、《查处泄密案件协调配合办法》等。二是国家保密局单独制定的在保密工作系统内适用的规章。三是中央国家机关其他部门在主管业务方面制定的保密规章，如中央有关主管机关制定的各种《保密法实施细则》等。四是中央国家机关各部门制定的其他规章中的有关保密规定的条款。

地方性保密规章，比较广泛，数量较多。这些地方性保密规章既有专项的，也有在其他地方性规章中制定的有关保密的条款。

以上保密法律、保密法规和保密规章都是保密行政法律规范的主要表现形式，也是主要的保密行政执法依据。除此以外，还有宪法的规定。宪法是国家的根本大法，具有最高的法律效力，是我国一切法律的立法依据，当然也应属于行政执法的依据。我国批准参加的国际条约包括条约、协定、协议等，除声明保留的以外，也属于我国法律规范的一种特殊形式，其中涉及到的保密条款则也是保密行政法律规范的形式。

（二）保密行政规范性文件

保密行政规范性文件，是指国家行政机关在其法定权限内为保障保密行政法律规范及国家政策的实施而制定的有关保密方面的除保密行政法规和规章以外的具有普遍约束力的行为规范的各种文件，如普遍性的命令、决定、指示、通告等。这些规范性文件从本质上不属于“法”的范畴，但在保密行政管理工作中却起着无可否认的作用，特别是在缺乏明确的法律、法规或规章的规定或规定得“弹性过大”的情况下，可以起到具体指导行政执法实践的作用。因此，也应把它作为保密行政执法的依据。当然它们在作为执法依据时不得与相关行政法律规范相抵触。

第二节　保密行政法规和规章

目前在我国保密行政法规和规章不仅是最主要的，而且也是数量最多的保密行政执法依据。同时，制定保密行政法规和规章的行为，即行政立法行为，从最广义的角度而言也是一种行政执法行为。

一、保密行政法规

（一）保密行政法规的概念

保密行政法规是国务院根据宪法和法律制定或批准的有关保密方面的规范性法律文件。它具有如下特征：

第一，从主体上看，保密行政法规是由国务院制定或批准的。和其他行政法规一样，只有国务院制定或批准的规范性法律文件才是保密行政法规。全国人民代表大会及其常务委员会不制定行政法规，它们制定的有关保密方面的规范性文件是保密法律。国务院各部门制定的有关保密规章方面的规范性法律文件，如果不经国务院的批准，也不能称为保密行政法规，而只能称作是保密规章。

第二，从依据上看，保密行政法规是依据宪法和法律而制定的。譬如国务院批准的《保密法实施办法》这一保密行政法规就是根据全国人民代表大会常务委员会制定的《保密法》这一保密法律的授权而制定的。因此，保密行政法规具有从属法律性，其内容不得与宪法和相关法律相抵触，其效力低于宪法和法律。

第三，从内容上看，保密行政法规是对保密工作方面的规定。国务院作为领导和管理全国各项行政工作的最高国家行政机关，可以制定涉及政治、经济、教育、科技、文化和外交等各个领域的行政管理方面的行政法规。而其中只有涉及保密工作方面的行政法规才是保密行政法规。这样的行政法规有两类：一是专项保密行政法规，即专门规定保密方面的法规，如《保密法实施办法》；二是只有部分内容是涉及保密方面的法规，如《专利法实施细则》、《安全法实施办法》等等。

第四，从制定方式上看，保密行政法规包括制定的和批准的两种。即一种是由国务院直接制定和发布的；另一种是由国务院批准的，而不仅限于前一种。由国务院批准的行政法规，是指该种行政法规先由国务院各主管部门具体制定，报由国务院批准后，再由制定的各主管部门发布。如《保密法实施办法》就是由国家保密局具体制定的，1990 年 4 月 25 日由国务院批准后，再由国家保密局1990年5月25日发布的一种行政法规。

第五，从性质上看，保密行政法规属于保密行政法律规范的一种形式，属于“法”的范畴。必须指出的是，保密行政法规和保密行政法律规范是两个完全不同的概念。保密行政法律规范是有关保密行政工作的具体规定，它既可以以保密行政法规为表现形式或载体，也可以表现在保密法律、地方性保密法规和保密规章之中。同时，在保密行政法规中，只有专项保密行政法规才是专门对保密行政工作的规定，即其内容全部都是保密行政法律规范，而在其他保密行政法规中只有部分内容是保密行政法律规范，其他内容可能是其他行政法律规范，还可能是刑事法律规范和民事法律规范。

（二）保密行政法规的制定

制定保密行政法规的行为属于行政立法行为，必须依据法定的立法程序，并遵循一定的立法技术，才能保证其立法质量。1987年4月21日，经国务院批准，由国务院办公厅发布的《行政法规制定程序暂行条例》对国务院制定行政法规的程序作了专门规定。1988年5月31日国务院办公厅又发出《关于改进行政法规发布工作报告的通知》，对行政法规的发布作了规定。这些规定作为目前国务院制定行政法规的一般规则和法定依据对保密行政法规的制定具有指导意义。保密行政法规的制定必须遵循这些规定。

1. 保密行政法规的制定程序

根据《行政法规制定程序暂行条例》的规定，结合保密法制建设的实际，保密行政法规的制定程序可以归纳为如下几个阶段：

（1）规划。要制定保密行政法规，就必须首先将其列入国务院编制的立法计划之中。其具体程序是：先由国家保密工作部门或国务院其他主管部门就其主管的保密事项提出需要制定相应保密行政法规的立法建议，报国务院审议确定，并由国务院列入其制定的五年立法规划、年度立法计划。

（2）起草。对列入规划或年度计划需要制定的保密行政法规，由国家保密工作部门或相应的其它主管部门分别负责起草。起草是一项重要的立法工作，国家保密工作部门或相应的其他主管部门必须认真做好这一工作，以保证立法的质量。在起草过程中，应着重注意以下问题：第一。合法性，保密行政法规的起草必须以宪法和法律为依据，必须符合党和国家的方针、政策。第二，民主性。在保密行政法规的起草过程中应始终贯彻公开、公正的原则，以确保起草的民主性。要作到这一点，一是要与有关部门协商一致，即对于涉及其他主管部门的业务或者与其他部门关系密切的规定，应征求有关部门的意见，与其协商一致；经过充分协商不能取得一致意见的，应当在上报草案时专门提出并说明情况和理由。二是要向社会广泛征求意见，征求意见的方式可以采用书面形式和座谈会形式。书面形式即将保密法规草案印送有关部门、单位和个人征求意见，并要求对方在规定的期限内将意见反馈给起草单位；座谈会形式，其主要任务是补充不足，协调分歧，统一认识。征求意见既应有实际工作者，还应有有关专家、学者参加。第三，统一性。起草保密行政法规应注意与有关行政法规、规章相衔接和协调，保持整个保密法律规范体系的统一性。这就要求在起草过程中，认为需要制定相应实施细则的，应与实施细则的起草工作统一考虑，同时进行，以便相互协调一致；认为需要作出与别的行政法规不相一致的规定，应在上报法规草案时专门提出并说明情况和理由；同时，如果现行的法规被起草的法规所代替，则必须在起草中写明予以废止。第四，科学性。这就是说，起草保密行政法规，还必须符合相应的立法技术要求，包括法规名称、结构、语言等方面的立法技术，确保保密行政法规的科学性。

(3) 审定。保密行政法规的起草工作完成后，由起草部门以正式文件的形式报送国务院审定。向国务院报送保密行政法规草案，由起草部门主要负责人签署，并附送该草案的说明和有关材料。在国务院审定之前，事先要由国务院法制部门对草案进行审查。审查的内容包括制定该法规的必要性和可行性、立法技术、是否合法、是否协商一致等，并就审查的结果向国务院提出审查报告。经国务院法制部门审查的保密行政法规草案，由国务院最后审定。审定的形式有两种：一是由国务院常务会议审议；二是由国务院总理审批。

(4) 发布。任何法规均须公布，否则不能生效。经审议通过或批准的保密行政法规，还须予以正式公布才能生效。保密行政法规的公布有两种形式：一种是由国务院本身公布。凡是经国务院审定通过或经国务院总理审定的行政法规，概由国务院总理签署发布令。另一种是由国务院主管部门发布。这是针对国务院批准的行政法规，由国务院主管部门首长签署发布令。发布令应包括发布机关、生效日期和签署人姓名等内容。

2. 保密行政法规的制定技术

保密行政法规的制定技术或称立法技术，是指制定保密行政法规应当遵循的有关文件名称、结构和语言的技巧、规则和方法的总称。了解和掌握这些技术，对于做好起草工作，确保保密行政法规的合法性和科学性具有重要意义。

(1) 保密行政法规的名称

《行政法制定程序暂行条例》对行政法规的名称及其使用标准作了严格规定。根据该条例第3条的规定，行政法规的名称只适用“条例”、“规定”和“办法”三种。对某一方面的行政工作作比较全面系统的规定，称“条例”；对某一方面的行政工作作部分的规定，称“规定”；对某一项行政工作作比较具体的规定，称“办法”。该条例还规定，国务院各部门和地方人民政府制定的规章不得称“条例”，从而使“条例”成为行政法规的专有名称。在制定保密行政法规时，同样应选择上述法规名称。

(2) 保密行政法规的结构

保密行政法规的结构包括内部的规范结构和外部的体例结构，内部的规范结构，即保密行政法规所包含的保密行政法律规范的结构，如前述包括“适用条件”、“行为模式”和“法律后果”三个构成部分。外部的体例结构或体系结构一般采用章、节、条、款、项、目的形式。其中，条是基本的表现形式，条文较少的可不分章、节；条文中所规定的内容较多的，可分款、项、目。款不冠序数，项和目分别冠以序数和阿拉伯序数。从保密行政法规所规定的内容来看，一部保密行政法规应包括如下必要条款：

第一，立法目的和立法依据。这通常规定在法规的第一条。对于执行性的立法，可以只规定立法依据，即规定根据哪个法律的规定而制定。如《保密法实施办法》第一条就是这样规定的。

第二，适用范围。即该法规的地域效力、时间效力及对人的效力范围，一般应规定在总则部分的立法目的和根据之后。

第三，主管部门和解释机构。一般说来，主管部门即执行本法的行政主体应规定在总则部分；解释机构，即有权解释该法的行政主体应规定在附则部分。例如，《保密法实施办法》第一章总则的第二条和第三条就是关于保密工作部门及其他主管部门的规定，该办法附则第四十条规定的“本办法由国家保密工作部门负责解释”就是关于解释机构的规定。

第四，具体规范。即规定具体的保密行政法律规范，它是保密行政法规的正文，也是其基本内容。如《保密法实施办法》第二章和第三章的规定。

第五，奖惩办法。这是保密行政法律规范中有关法律后果部分的专门规定，即关于法律后果的规范，包括遵守该法规的奖励和违反该法规的法律责任。它作为法律规范的必要组成部分，应予以明确规定，否则就是不科学的。如《保密法实施办法》第四章关于“奖惩”的规定。

第六，授权规定。即法规授权有关机关制定实施细则的规定，这一般也规定在附则中。如《保密法实施办法》在附则的第三十九条规定：“中央国家机关和各省、自治区、直辖市政府，可以根据本系统、本地区的实施情况，根据《保密法》和本办法制定实施细则。”

除以上必要条款之外，保密行政法规一般还规定一些其他的条款，如术语的解释，对过去已发布的同类法规的废止等。

(3) 保密行政法规的用语

语言是人们按一定的规则表达自己的意思和交流思想的工

具。法律规范也要借助语言工具来表达。但用以表达法律规范的语言有着严格的要求，以确保法的严肃性和规范性。尤其是立法语言，必须能够准确无误地表达立法者的意志，并易于为人们所理解和遵循。保密行政法规与其他法律的用语一样，也应当有着特别严格的要求。具体而言：

第一，要准确。是指要用精确的词句来表达明晰的概念和语句，而不能含糊不清和模棱两可。准确是立法语言最基本的要求，也是立法语言的灵魂和生命所在。

第二，要简明。是指采用简练明确的词语来表达法的内容，即要用尽可能少的词语来表达尽可能多的内容，而不能冗长繁琐，重复罗嗦。一切繁杂重沓，或任意苟简的做法，都是与立法语言的要求不相容的。

第三，要严谨。这是指语言的使用应严密周详，无懈可击，不得自相矛盾，乃至出现漏洞。否则，不仅会使人们在理解上容易出现歧义，还会使人们在执行时产生困惑；同时，使一些人钻空子，作出回避法律的行为。

第四，要朴实。这是指语言的使用应朴实庄重，明白易懂，不能动情兴感，空发议论，追求形象生动，甚至使用华丽词藻，采取抒情、夸张、描绘、比喻等含有感情色彩的文艺手法来组织语言文字，也不得使用方言口语。

总之，在保密行政法规的制定过程中，一定要注意在用语上做到既准确无误，又简明扼要；既严谨一致，又朴实无华、明白易懂。

二、保密行政规章

（一）保密行政规章的的概念

1. 行政规章的涵义和特征

行政规章，又简称规章，但与习惯上所说的"规章制度"不同，后者并非法律上的概念。规章作为法律上的一个专用名词，最早出现在1982年第五届全国人民代表大会通过的《中华人民共和国宪法》、《中华人民共和国国务院组织法》和《中华人民共和国地方各级人民代表大会和地方各级人民政府组织法》中。从此，"规章"有了法定的涵义，但在使用中为了同"规章制度"相区别，往往冠之以"行政"两字，构成"行政规章"一词。

作为法定意义上的行政规章，特指有关行政主体根据法律和行政法规，依照法定权限在其主管范围内制定的具有普遍法律约束力的规范性法律文件。行政规章同行政法规一样，都属于行政法律规范的表现形式，属于法的范畴。但与行政法规相比，行政规章在制定权的来源和主体方面要复杂得多。

从行政规章的制定权来源来看，行政规章包括职权行政规章和授权行政规章两类。职权行政规章是有关行政主体直接根据宪法和组织法规定的固有职权所制定的行政规章。我国1982年宪法第90条第2款规定："各部、各委员会根据法律和国务院的行政法规、决定的命令，在本部门的权限内，发布命令、指指示和规章。"《国务院组织法》第10条有同样的内容规定。《地方组织法》第35条规定："省、自治区、直辖市以及较大的市的人民政府，还可以根据法律和国务院的行政法规，制定规章。"从这些规定可以看出，只有国务院各部、委，省、自治区、直辖市以及省、自治区的人民政府所在地的市和经国务院批准的较大的市的人民政府才具有制定规章的固有职权，其他任何国家机关都不能据此享有规章制定权，并不享有制定行政规章的固有职权。它们要想取得规章的制定权，就必须得到法律、法规的授权。也就是说，只有经法律、法规的授权，才有权制定行政规章，这种经法律、法规授权所制定的行政规章称之为授权行政规章。当然，上述国务院各部、委等职权行政规章的制定主体除可以依据宪法和组织法规定的固有职权制定职权行政规章外，也可以经法律、法规的授权制定授权行政规章。

其次，从行政规章的制定主体来看，行政规章包括部门行政规章和地方行政规章。部门行政规章的制定主体有：国务院各部、委和其他有关国家机关，如国务院直属机关、部委管理的国家局等，后者只有经法律、法规的授权才能成为行政规章的制定主体。地方行政规章的制定主体有：省、自治区、直辖市人民政府，省、自治区所在地的市人民政府，经国务院批准的较大的市的人民政府① 和经法律、法规授权的其他地方国家机关，这些地方国家机关目前主要是地方人民政府，如 1992 年 7 月 1 日，全国人大常委会“授权深圳市人民政府制定规章”，② 1994 年产 3 月 22 日，全国人大“授权厦门市人民政府制定规章”，③ 使深圳市和厦门市人民政府成为行政规章的主体。

2. 保密行政规章的涵义和特征

---

① 根据 1984 年《国务院关于批准唐山等市为“较大的市”的通知》和 1988 年《国务院关于浙江省要求将宁波市列为“较大的市”的批复》，我国共有 14 个“较大的市”，即：唐山市、大同市、包头市、大连市、鞍山市、抚顺市、吉林市、齐齐哈尔市、青岛市、无锡市、淮南市、洛阳市、重庆市（现为直辖市）和宁波市。

② 《全国人民代表大会常务委员会关于授权深圳市人民代表大会及其常务委员会和深圳市人民政府分别制定法规和规章在深圳经济特区实施的决定》，1992 年 7 月 1 日第七届全国人民代表大会常务委员会第 26 次会议通过。

③ 《全国人民代表大会关于授权厦门市人民代表大会及其常务委员会和厦门市人民政府分别制定法规和规章在厦门经济特区实施的决定》，1994 年 3 月 22 日第八届全国人民代表大会第 2 次会议通过。

保密行政规章既具有行政规章的一般涵义，也有其特殊涵义。具体而言，它是指国家保密工作部门和其他中央国家机关以及有关地方人民政府根据法律、法规的授权规定，在其主管范围内制定的有关保密工作方面的具有普遍性法律约束力的规范性法律文件。

(1) 保密行政规章是由国家保密工作部门和其他中央国家机关以及有关地方人民政府制定的。有权制定保密行政规章的主体有如下三类：一是国家保密工作部门，它既可以单独制定保密规章，也可以会同中央国家有关机关制定保密规章；它既可以制定在全国范围内适用的保密规章，也可以制定在保密工作系统内适用的规章。二是其他中央国家机关，《保密法》和《保密法实施办法》明确授权中央国家机关有权制定主管业务方面的保密规章。如《保密法实施办法》第三条规定："中央国家机关在其职权范围内主管或者指导本系统的保密工作，组织和监督下级业务部门执行保密法律、法规和规章，可以根据实际情况单独或者会同有关部门制定主管业务方面的保密规章。"这里的"中央国家机关"，主要应理解为是指国务院各主管部门、最高人民法院和最高人民检察院等。最高人民法院和最高人民检察院的主要职能分别是审判职能和检察职能，但这些职能并不是他们的唯一职能。

他们在履行主要职能的同时，还具有重要的行政职能，其中包括对本系统的保密工作进行管理的职能，当它们在行使这些行政职能时也是一种行政主体。因此，他们作为行政主体经授权也是可以制定主管业务方面的保密规章的。三是有关地方国家机关。根据《保密法》和《保密法实施办法》的规定，有权制定保密行政规章的地方国家机关主要是各省、自治区、直辖市人民政府，以及省、自治区人民政府所在地的市和国务院批准的较大的市的人民政府。

(2) 保密行政规章是根据保密法律、法规的授权规定而制定的。在中央国家机关中，除国务院各部、委具有固有的规章制定权外，其他中央国家机关都只能经法律、法规授权才能制定行政规章。国务院各部、委和省、自治区、直辖市人民政府虽可根据其职权在制定其他规章时涉及保密方面的规定，但也只能根据保密法律、法规的授权制定专项保密行政规章。因此，就专项保密行政规章而言，都是根据保密法律、法规的授权规定而制定的。这种授权有概括式授权，如《保密法实施办法》第三条规定："中央国家机关在其职权范围内主管或者指导本系统的保密工作，组织和监督下级业务部门执行保密法律、法规和规章，可以根据实际情况单独或者会同有关部门制定主管业务方面的保密规章。"这一授权，就属于概括式授权。除此之外，主要是列举式的授权，这如《保密法》第十条规定："国家秘密及其密级的具体范围，由国家保密工作部门分别会同外交、公安、国家安全和其他中央有关机关规定。"第十七条第一款规定："属于国家秘密的文件、资料和其他物品的制作、收发、传送、使用、复制、摘抄、保存和销毁，由国家保密工作部门制定保密办法。"第十七条第二款规定："采用电子信息等技术存取、处理、传递国家秘密的办法，由国家保密工作部门会同中央有关机关制定。"第十九条规定："属于国家秘密的设备或者产品的研制、生产、运输、使用、保存、维修和销毁，由国家保密工作部门会同中央有关机关制定保密办法。"《保密法实施办法》第三十九条规定："中央国家机关和各省、自治区、直辖市政府，可以根据本系统、本地区的实际情况，根据《保密法》和本办法制定实施细则。"等等。

(3) 保密行政规章是有关保密工作方面的行政规章。从内容上看，只有涉及保密工作方面的规定，才能称为保密行政规章，它包括专门规定保密工作的专项保密行政规章和部分涉及保密工作规定的其他行政规章。

（二）保密行政规章的制定

目前，我国尚未出台有关行政规章方面的专门法律，也没有相关的专门法规。但大多数规章的制定主体都制定了相应的规章。如《司法部关于起草司法行政法律、法规和制定规章的规定》[①]、《轻工业部关于法规制定的暂行规定》[②]、《财政部财政立法工作规则》[③] 和《上海市人民政府规章制定程序的暂行规定》[④] 等。另外，国务院于1990年2月18日就规章的备案问题专门发布了《法规、规章备案规定》。这些规定表明，行政规章的制定目前已基本纳入法制轨道。

1. 保密行政规章的制定程序

从已有的规定来看，各行政主体的规章制定程序基本相同，与行政法规的制定程序也大体一致，即规划、起草、审定和发布。保密行政规章同样如此，并且在制定过程中所应注意的事项和要求与保密行政法规也基本相同。

此外，国务院发布的《法规、章备案规定》就规章的备案

---

① 1989年1月20日司法部发布。
② 1989年5月29日轻工业部发布。
③ 1985年1月9日财政部办公会议通过。
④ 1987年3月2日上海市人民政府发布，1987年10月12日上海市人民政府修正。

程序作了较为严格的专门规定。根据该《规定》，行政规章都应在发布之日起3日内报国务院备案。报送国务院备案的规章，由国务院法制部门负责就下列几个主要方面进行审查：第一，行政规章是否同法律、行政法规相违背；第二，行政规章相互之间是否矛盾；第三，行政规章的制定是否符合法定程序及规范化要求。规章经审查发现的问题，分别按下列规定处理：第一，行政规章同法律、行政法规相违背的，由国务院予以撤消、改变或者责令改正。第二，地方规章同部门规章之间、部门规章相互之间有矛盾的，由国务院法制局进行协调；经协调不能取得一致意见的，由国务院法制局提出意见，报国务院决定。第三，行政规章在制定程序及技术上的问题，由国务院法制部门提出意见，并转告原报机关处理；原报机关在接到上述处理决定或者意见的30日以内，应将处理结果报国务院法制部门。该《规定》还规定："对于不报规章备案或者不按时备案者，国务院法制部门应当通知原报机关，限期报送；拒不报送的，由法制部门向国务院汇报，给予通报批评，并限期改正。"

可见，备案是对规章进行监督管理的重要方式，它不仅有利于行政法律规范本身的内部统一和协调，也有利于社会主义法制的统一。

2. 保密行政规章的名称

在立法技术上，保密行政规章除名称与保密行政法规不同之外，在结构、用语等方面与之基本相同。

目前在我国，对行政规章的名称尚未作出统一的规范。根据《行政法规制定程序暂行条例》，行政规章不得使用"条例"名称，但这一排除名称并没有解决行政规章的名称问题。《法规、规章备案规定》第二条第二款规定:“本规定所称规章包括部门规章和地方人民政府规章。部门规章是指国务院各部门根据法律和国务院的行政法规、决定、命令在本部门的权限内按照规定程序所制定的规定、办法、实施细则、规则等规范性文件的总称。地方人民政府规章是指由省、自治区、直辖市以及省、自治区人民政府所在地的市和国务院批准的较大的市的人民政府根据法律和行政法规按照规定程序所制定的普遍适用于本地区行政管理工作的规定、办法、实施细则、规则等规范性文件的总称。”该规定可认为是对行政规章名称的间接规定,即行政规章的名称主要有“规定”、“办法”、“实施细则”和“规则”等四种。但这四种名称的使用标准问题,没有任何法律的明确规定。就一般情况下,“规定”用于对某项行政工作作比较全面、系统的规定。“办法”用于对某项行政工作比较具体的规定。“实施细则”用于对法律、法规作补充性或执行性的规定。“规则”用于技术性专业性较强的行政规章。

就保密行政规章而言,目前也基本上使用的是上述四种名称。如国家科委、国家保密局关于《科学技术保密规定》等,就是使用“规定”这一名称;国家保密局关于《泄密事件查处办法》等,就是使用“办法”这一名称;湖北省人民政府关于《湖北省实施〈中华人民共和国保守国家秘密法〉细则》等就是使用“实施细则”这一名称;湖北省人民政府办公厅关于《湖北省密件管理规则》等就是使用“规则”这一名称。当然,保密行政规章的名称有待于进一步规范。

第三节　保密行政规范性文件

有关国家行政机关除制定保密行政法规和规章之外，还大量发布具有普遍约束力的决定、命令等保密行政规范性文件。制定保密行政规范性文件的行为显然也是一种抽象行政行为，但不属于行政立法的范畴，因而，保密行政规范性文件也不具有“法”的性质。既然如此，那么，保密行政规范性文件在保密行政执法依据中的地位又当如何呢？或者说，它们能否成为保密行政执法的依据以及成为保密行政执法的何种依据呢？

一、保密行政规范性文件概述

（一）行政规范性文件的概念

在研究保密行政规范性文件之前，首先必须要弄清什么是行政规范性文件。目前，法学界对行政规范性文件有广义、中义和狭义等不同的理解：广义的解释是指所有国家行政机关依法制定的具有普遍约束力的各种规范性文件，包括行政法规和行政规章在内。中义的解释是指各级各类国家行政机关，为实施法律，执行政策，在法定权限内制定的除行政法规和规章以外的具有普遍约束力的决定、命令及行政措施等。狭义的解释是指没有行政立法权（即行政法规和规章制定权）的行政机关依职权制定发布的具有普遍约束力和强制力的决定、命令。

上述三种解释的根本分歧在于是否将有行政立法权的行政机关制定的规范性文件全部或者部分归属于行政规范性文件的范畴之内。广义的解释将其全部归属于行政规范性文件的范畴之内；狭义的解释则将其全部排除在行政规范性文件的概念之外；中义的解释则将其中的行政法规和行政规章排除在外，而将国务院制定的除行政法规之外的规范性文件（以下称法规性文件）和有权制定行政规章的行政机关制定的除行政规章之外的规范性文件（以下称为规章性文件）纳入到行政规范性文件的范畴之内。我们认为，中义的解释是比较合适的。这是因为无论是法规性文件还是规章性文件与行政法规和行政规章本身是存在着明显区别的。

首先，程序不同。法规性和规章性文件作为行政机关制定的具有普遍约束力的决定、命令等，其制定程序由《国家行政机关公文处理办法》① 等加以规定。行政法规和行政规章因为其内容的重要性，要求有更严格和特殊的程序，因此分别由《行政法规制定程序暂行条例》和有关法规、规章作出专门规定，而并不适用《国家行政机关公文处理办法》等的规定。根据规定，法规性、规章性文件的制定并不都需要像行政法规和规章那样必须经会议讨论通过，而有的行政首长审批通过即可。同时，行政法规和规章都应由行政首长签署命令，在一定的报刊上对外发布，以便行政机关和相对人共同遵守执行。法规性、规章性文件则依法可由行政机关办事机构的首长签发，一般不公开对外发布，只下达或发送给有关部门和相对人，或者刊登在有关的公报上。

其次，内容不同。行政法规和规章所规定的权利和义务比较全面和系统；而法规性和规章性文件所规定权利义务都比较专一，往往是就一时一事而规定的权利义务。行政法规和行政

① 1987 年 2 月 28 日国务院办公厅发布，1993 年 11 月 21 日修订。

规章能创设权利义务；而法规性和规章性文件更多地表现为对法律、法规或规章的执行或补充，以实现法律、法规或规章所创设的权利义务，或者使法律、法规或规章能更切合本地或本部门的实际情况。同时，法规性和规章性文件所创设的权利义务往往是比较次要的权利义务，多为程序上的权利义务；较重要的权利义务或实体上权利义务，一般应由行政法规和规章加以创设。例如，法规性和规章性文件无权设定行政处罚，① 而行政法规和行政规章则具有有限的行政处罚设定权。②

再次，结构不同。行政法规和行政规章一般具有较完整的章、节、条和总则、分则、附则等体系结构；法规性和规章性文件却具有与此不同的格式，正文也只分为若干部分。行政法规和行政规章的条文，又可分为款、项，并具有假定、处理和制裁或奖励三部分组成的严密的规范结构；法规性和规章性文件则一般不具有这种规范结构，而且整个文件往往是法律、法规或规章的假定部分、处理部分或制裁、奖励部分。

复次，名称或形式不同。行政法规和行政规章的名称有条例、规定、办法、细则和规则等；法规性和规章性文件的名称或形式，根据《国家行政机关公文处理办法》等规定，则主要有命令、决定、指示、公告（通告）、通知、通报、报告、请示、批复、函、会议纪要等。

最后，效力不同。行政法规和行政规章的效力分别高于法规性文件和规章性文件，或者说该法规性文件和规章性文件的效力分别从属于相应行政机关制定的行政法规和规章，其内容

---

① 参见《中华人民共和国行政处罚法》第14条。
② 同上，第10条，第12条，第13条。

不得与相应的行政法规、规章相抵触、相违背。

可见，法规性文件和规章性文件与行政法规和行政规章，在程序、内容、结构、名称及效力等方面都存在着明显的区别。而法规性文件和规章性文件与没有行政立法权的行政机关制定的其他规范性文件除效力等级关系不同之外，在上述其他方面都具有共同特征，并遵循共同的规律。既然如此，前述广义的解释将行政法规和规章纳入到行政规范性文件的概念之中，就使之与法规性、规章性文件相混同，显然失之过宽；狭义的解释不仅将行政法规和行政规章排除在行政规范性文件的概念之外，而且将法规性和规章性文件也排除在行政规范性文件的概念之外，则将法规性文件、规章性文件同与之具有共同特性和规律的其他规范性文件毫无必要地分离开来，又显然失之过窄。因此，中义的解释是比较合适的，即认为行政规范性文件是指各级各类国家机关为实施法律和执行政策，在法定权限内制定的除行政法规和规章以外的具有普遍约束力的决定、命令等的总称。

（二）保密行政规范性文件的概念

结合上述行政规范性文件的一般涵义，可给保密行政规范性文件下这样一个定义，即保密行政规范性文件是指有关国家行政机关为实施保密行政法律规范和执行国家保密政策，在其法定权限内制定的除保密行政法规和规章以外的具有普遍约束力的决定、命令等的总称。它具有如下特征：

有权制定保密行政规范性文件的主体比较广泛。既可以是国务院，也可以是国务院各主管部门，还可以是县级以上地方各级人民政府及其职能部门。因为我国宪法和组织法几乎授权所有的行政主体都可以制定行政规范性文件。如宪法第89条规定，国务院可以规定行政措施，发布决定和命令；第90条规定，各部委可以发布命令、指示；地方组织法第59条规定，县级以上地方各级人民政府可以规定行政措施、发布决定和命令。这里规定的“行政措施”、“决定”、“指示”等都可以是行政规范性文件的形式。这表明，保密行政规范性文件既包括有权制定保密行政法规的国务院制定的保密规范性文件，也包括有权制定保密行政规章的国务院各部门及有关地方人民政府制定的保密规章性文件，还包括没有行政立法权的其他有关行政机关，如地方各级保密工作部门制定的保密行政规范性文件，范围也比较广泛，但不包括保密行政法规和行政规章在内。当然，上述这些国家行政机关制定保密行政规范性文件的权限是不一样的，譬如，国家保密工作部门既可以制定适用于全国也可以制定适用于本系统内的保密行政规章性文件，而国务院其他各主管部门则只能制定主管业务方面的保密规章性文件，县级以上地方人民政府也只能制定适用于本行政区域内的保密规章性文件或其他保密行政规范性文件。因此，它们只能在法定权限内制定相应的保密行政规范性文件。

保密行政规范性文件具有普遍约束力，但不属“法”的范畴。也就是说，它针对的对象是不特定的相对人。制定保密行政规范性文件属于一种具有普遍约束力的抽象行政行为，但又不同于制定行政法规、规章的抽象行政行为即行政立法行为。它不具有行政立法的法定标准，因而不是保密行政法律规范的表现形式，不属于“法”的范畴。当然，它作为一种抽象行政行为，仍然具有同其他行政行为一样的法律效力，即公定力、确定力、拘束力和执行力。

保密行政规范性文件是有关决定、命令、指示、行政措施等的总称。根据前述宪法和组织法的有关规定，凡是具有普遍约束力的决定、命令、指示和行政措施都是保密行政规范性文件的表现形式。这里值得注意的是，这些形式尤其是行政措施这种形式只是概括性的规定，具体可以根据《国家行政机关公文处理办法》第2章中的规定，采用如下十一种名称：命令(令)、决定、指示、公告（通告)、通知、通报、报告、请示、批复、函、会议纪要。

保密行政规范性文件是为了实施保密行政法律规范和执行保密政策而制定的。这同时表明它的内容具有执行性，是对保密法律、法规、规章和有关保密方针、政策的一种具体化。

（三）保密行政规范性文件的效力等级关系

由于各行政机关之间具有严格的行政隶属关系，因此不同的行政机关制定的保密行政规范性文件之间的效力等级是不同的，同时它们与保密法律、法规和规章之间的效力等级关系也是不同的。这可以将保密行政规范性文件分为如下三类来分别予以说明。

第一，保密法规性文件。它是指有权制定保密行政法规的国务院制定的除保密行政法规以外的其他有关保密工作方面的规范性文件。由于它是由国务院制定的，其效力自然低于保密法律，同时也低于保密行政法规，但高于地方性保密法规和保密行政规章，并在所有的保密行政规范性文件中具有最高法律效力，即高于其他所有的保密行政规范性文件。

第二，保密规章性文件。它是指有权制定保密规章的有关国家行政机关制定的除保密规章以外的其他有关保密工作方面的规范性文件。其效力低于保密法律和保密法规，也低于上级和同级行政机关制定的保密法规性文件和上级规章性文件，但高于下级行政机关制定的保密规章和保密规章性文件，以及其他保密行政规范性文件。

第三，其他保密行政规范性文件。它是指无权制定保密行政法规和规章的有关行政机关制定的保密规范性文件。这类规范性文件的效力最低，不仅低于保密法律、法规和规章，也低于保密法规性文件和保密规章性文件。这类规范性文件相互之间，上级规范性文件高于下级规范性文件，如省级保密工作部门制定的规范性文件高于县级保密工作部门制定的规范性文件。

二、保密行政规范性文件在保密行政执法依据中的地位

保密行政执法应当以保密法律、法规和规章为依据，这是毫无疑问的。那么，保密行政规范性文件在保密行政执法依据中的地位又当如何,或者说能否成为保密行政执法的依据呢?目前法学界对执法依据的认识不尽一致，有一种观点认为，既然是行政执法，就应以法定的法律形式为执法依据。行政规范性文件不是我国法律体系的组成部分，不具有法的属性，因而不能成为行政执法的依据。依据这种观点，保密行政规范性文件自然也不能成为保密行政执法的依据。有的认为，行政规范性文件能够而且应当成为行政执法的依据。保密行政规范性文件也同样如此。我们赞成这一种观点。

首先，从行政规范性文件的本质属性来看，它和法律、法

规、规章一样，具有国家意志性和一定的国家强制性。行政规范性文件是国家机关代表国家并且以国家的名义制定的，它当然具有国家意志的属性。同时，行政规范性文件作为国家政权重要组成部分的国家行政执法权运行的具体表现形式之一，也是离不开国家强制力的保障和支持的。离开了国家强制力，行政执法工作就无法进行，行政规范性文件所设定的权利和义务就成了一纸空文。因此，行政规范性文件所体现的国家意志和国家强制力，与法律、法规、规章具有一致性，这就使其具备了与“法”基本相同的属性，从而也就使其具备了作为行政执法依据的基础条件。

其次，从行政规范性文件的法律效力上来看，它作为一种抽象行政行为，具有与其他行政行为相同的确定力、拘束力、和执行力。也就是说，行政规范性文件一经发布，就具有不受任意改变的确定力，具有约束和限制行政机关和相对人行为的拘束力，以及具有使其内容得以完全实现的执行力。既然如此，那么发布规范性文件的行政机关及所属的下级行政执行机关在实施具体行政行为时就必须遵循相应规范性文件的规定，在作出有关行政决定时就必须适用相应规范性文件的规定。行政机关在实施有关具体行政行为，作出有关行政决定时如果违反相应行政规范性文件的规定，或者不适用相应规范性文件，或者适用错误，都可能导致相关行为、决定的违法和被撤销。

再次，从行政规范性文件的实际作用上来看，它作为行政机关实施行政活动的重要手段，实际上是法律、法规、规章的具体化，起着补充和细化的作用。尤其是在目前我国行政法制还不完善的情况下，即使有了一些行政法规和行政规章，但是现实生活中往往会出现新的问题或仅为了某地区某部门所独有的且并不十分重要的问题需要及时解决,或者虽有行政法规、行政规章的原则规定但缺乏更详细的办法。在这样的情况下,往往需要由相应的国家行政机关以行政规范性文件的形式予以解决,以使行政法规、行政规章得到有效执行和落实,或者弥补行政执法中因缺乏法律、行政法规和行政规章而造成的立法"真空"。事实上,几乎所有尚未立法的领域,都是由行政规范性文件规范和调整。行政机关的绝大部分具体行政行为也都是依据行政规范性文件予以作出的,离开了行政规范性文件,一些领域的行政执法工作将难以正常进行。

最后,行政规范性文件作为行政执法的依据也是符合我国宪法和组织法等的有关规定。我国宪法第107条规定,县级以上地方各人民政府有权发布决定和命令,乡、民族乡和镇人民政府有权执行上级国家行政机关的决定和命令。《地方组织法》第51条第1项规定,县级以上的地方各级人民政府应当执行上级国家行政机关的决定和命令;该法第52条第1项规定,乡、民族乡、镇人民政府应执行上级国家行政机关的决定和命令。这里所称的"执行决定、命令",即为实施决定和命令,也就是以行政规范性文件为依据实施行政执法行为。另外,《行政复议条例》第41条还明确规定:"复议机关审理复议案件,以法律、行政法规、地方性法规、规章,以及上级行政机关依法制定和发布的具有普遍约束力的决定、命令为依据。"这就使得行政复议机关既可以以"决定和命令"即行政规范性文件为依据实施行政复议行为,也可以以行政规范性文件为标准评判被申请人具体行政行为的合法性和合理性,也就是允许行政机关以行政规范性文件为依据实施具体行政行为。

由此可见，行政执法中的“法”，并不是单纯指法定的法律形式，而是一个包括各级行政机关制定的规范性文件在内的大概念。抛开行政规范性文件讲行政执法，或者将其摒弃于行政执法依据之外，显然是不合适的。同理，保密行政执法中的依据也应包括保密行政规范性文件在内。

当然，保密行政规范性文件作为保密行政执法的依据应注意如下两点：第一，不得与相关的保密法律、法规和规章相抵触，如与相关的保密法律、法规和规章的规定或其立法精神相悖，就失去了执行的基础。第二，只有在无相关的保密法律、法规和规章的规定或规定得“弹性过大”而作为其补充和细化时，才能被援用作为保密行政执法的依据；如果相关的保密法律、法规和规章已有明确规定，则应直接引用保密法律、法规和规章作为执法依据。从这个意义上讲，保密行政规范性文件并非是保密行政执法的直接依据，而只能成为保密行政执法的间接依据，即只有在符合上述两个条件的情况下才能作为保密行政执法的依据。

三、保密行政规范性文件的制定

既然保密行政规范性文件被视为具有准法的性质而成为保密行政执法的依据，并规范着一些领域的保密行政工作，那么它的制定就必须尽可能地做到规范化，符合法定的要求。国务院办公厅发布的《国家行政机关公文处理办法》对适用于行政规范性文件的行政公文的格式和制定程序等作了明确的规定。保密行政规范性文件的制定也应严格遵循这些规定。

（一）保密行政规范性文件的格式

保密行政规范性文件的格式即保密行政规范性文件的结构，根据《国家行政机关公文处理办法》的规定，可分为三大部分共十三项内容。

1. 文头部分

文头又称版头，包括发文机关、秘密等级、紧急程度、发文字号和签发人等内容。发文机关即文件的制作机关，应写明全称或者规范化简称；两个以上的机关联合发文的，主办机关应排列在前。属于国家秘密的规范性文件，应当按照有关“国家秘密及其密级具体范围”的规定标明相应的密级和文件份数序号。紧急的规范性文件，应当分别标明“特急”、“急件”字样。发文字号，包括发文机关的代字、年份和序号；一个文件只有一个发文字号，联合发文时，只标明主办机关的发文字号。对于上报的规范性文件，还应在发文字号之后注明签发人姓名，即由代表机关最后检查并批准文件发出的领导人签名，以表明发文的具体责任者。

2. 正文部分

正文部分包括标题、主送机关、正文、附件、成文时间、附注和主题词等内容。标题是规范性文件主题的概括性名称，应当准确简要地概括出文件的主要内容，标明发文机关名称，并准确标明文件的种类。主送机关是指收受文件并对文件负主办或者答复责任的机关名称，又称“台头”，在标题之下靠左顶格书写。正文是文件的主体部分，大致可分为：开头部分，往往交代发文的缘由；中间部分，表达文件的主要内容；结尾部分，一般是根据发文机关的意见和要求，写一个简短结语。规范性文件如有附件，应当在正文之后、成文时间之前注明附件顺序和名称。除会议纪要外，规范性文件应当加盖印章；联合下发的规范性文件，联合发文的各机关都应加盖印章。成文时间，以领导人签发的日期为准。规范性文件还应标注主题词，其中上报的规范性文件，应当按照上级机关的要求标注主题词。

3. 文尾部分

文尾部分包括抄送机关、印发机关和印发时间等内容。其中，抄送机关是收受公文且只需了解公文内容而不需承办或负责答复责任的机关，目的是使这些机关及时了解公文内容，必需时给予指导和配合。印发机关和印发时间是对公文承印单位、印发日期、印刷份数等情况的介绍，作用在于明确文件印刷质量、时限的责任归属，并便于受文者直接与印发单位取得联系。

（二）保密行政规范性文件的制定程序

根据《国家行政机关公文处理办法》，制作保密行政规范性文件还应遵循如下程序

1. 立项和交办

需要制定保密行政规范性文件的，首先应及时提出拟办意见送给领导人批示即立项，或者交有关部门办理即交办。

2. 草拟

草拟即文件承办人根据领导批办或交办意见起草文件。草拟文件不仅要符合国家法律和政策的有关规定，还应符合公文处理上的技术要求，包括格式、语言文字等方面的规范化要求。

3. 协商

在起草文件过程中，对于文件中涉及其他部门或地区的问题，主办机关应主动与有关部门或地区协商、会签。上报的文

件，如果有关方面意见不一致，应当如实反映。

4. 审核

在文件起草完毕之后，送领导人审批和签发之前，应由机关办公部门负责人对文稿内容进行全面审查核实。审核的重点是：是否需要行文，是否符合国家法律和政策的有关规定，是否涉及国家秘密属于何种密级及标明是否准确，是否与有关部门、地区协商、会签，文字表述、文种使用、格式等是否符合《国家行政机关公文处理办法》的有关规定。

5. 审批和签发

这是指机关领导人对已审检过的文稿进行最后审定并予以签发的补充性行为。签发后的文稿即为定稿，是文件的标准稿本，行文的根据。文稿签发之后，交由办文部门处理。

第四节　保密行政执法依据的冲突及其选择适用规则

保密行政执法主体在适用保密行政执法依据实施保密行政执法行为时，可能会遇到几个不同的保密行政执法依据均对同一保密行政执法行为有适用力。在这种情况下，如果这些执法依据的规定都是一致的，没有冲突，保密行政执法主体适用这些依据作出相应的执法行为是没有问题、没有困难的。但是，如果这些执法依据对同一执法行为的规定不一致，相互矛盾，那么保密行政执法主体适用不同的执法依据就会出现不同的结果。此时，保密行政执法主体在适用这些执法依据时就会发生问题，出现困难：究竟适用这些相互冲突的执法依据中的那些规定来作出相应的执法行为才是正确、合法的呢？因此首先必须确立选择适用执法依据的某些规则或标准，以便在遇到同一行政执法行为受几种相互冲突的执法依据所调整的情况时，保密行政执法主体能够迅速地和正确地选择合适的执法依据，以保证相应执法行为的合法性。

一、保密行政执法依据的冲突情况

保密行政执法依据的冲突大致会有如下几种情况：

（一）层级冲突

层级冲突，即不同层次的执法依据之间的规定不一致，实际上是较低层次的执法依据与较高层次的执法依据相抵触。这一种情况主要包括：1、保密法律、保密行政法规、地方性保密法规和保密规章之间的冲突；2、保密行政规范性文件与保密法律、保密法规和保密规章之间的冲突；3、保密法规性文件、保密规章性文件和其他保密行政规范性文件之间的冲突，等等。

（二）同级冲突

同级冲突，即制定机关不同但效力层级相同的执法依据之间的规定不一致。这种情况主要有：1. 中央各部门、各地方人民政府制定的保密规章之间的各种冲突；2. 各地方权力机关制定的保密法规之间的各种冲突；3. 不同部门、不同地方但同一级别的行政机关制定的保密行政规范性文件之间的各种冲突；等等。

（三）时际冲突

时际冲突，即同一制定机关在不同时期制定的执法依据之间的规定前后相矛盾，这通常称作“新法”与“旧法”的冲突。

二、保密行政执法依据冲突的选择适用规则

在保密行政执法依据发生冲突时，保密行政执法主体必须根据一定的规则，选择适当的执法依据加以适用，作出相应的执法行为。保密行政执法主体解决保密行政执法依据的冲突，选择适用保密行政执法依据一般应遵循下述规则：

（一）就高不就低的规则

就高不就低规则，是指当不同层级的执法依据之间的规定发生冲突时，保密行政执法主体一般应优先适用效力层级较高的执法依据，而不适用效力层级较低的执法依据。除非是在高层级的执法依据授权低层级的执法依据作出与高层级执法依据不同的规定时，保密行政执法主体才可优先适用与高层级执法依据相冲突的较低层级执法依据。在这里，就必须弄清执法依据之间的效力等级关系。各种保密行政规范性文件之间以及它们与作为保密行政法律规范形式的保密法律、法规、规章之间的效力等级关系在前节中已作了论述。各种保密行政法律规范形式的效力高低依次是保密法律、保密行政法规、地方性保密法规和保密规章。

（二）新法优于旧法的规则

新法优于旧法的规则，或称后法优于前法规则，是指当同一制定机关在不同时期制定的执法依据发生冲突时，一般应优先适用颁布时间在后的执法依据，而不应该适用颁布时间在前的执法依据。按照一般法理，新法废除旧法，调整同一问题的新法颁布实施后，相应旧法同时失去效力。但是新旧法的所有法律规范有时并非完全调整同一问题，某些新法规范可能调整

与旧法不同的问题。在这种情况下，新法颁布，旧法并不同时失效，而是新旧法并存。这就可能在某些或某一问题上发生新旧法的冲突。这时，就需要以新法优于旧法的规则来处理。即优先适用新法，除非法律规范在某种特殊情况下适用旧法。这里需要强调的是，新法优于旧法的前提条件是新旧法都是同一机关制定和颁布的。如果新法的制定机关低于旧法的制定机关，则不能适用这一原则。此外，有时新法颁布和实施时，某些原依旧法实施的执法行为尚未实施完毕，此时继续实施并作出最后处理是依旧法还是依新法，也会发生执法依据冲突问题。此时也不能完全适用新法优于旧法的原则，而是一般适用“从旧兼从新原则”，即原则上仍依旧法，但新法使相对人受到较轻处罚或承担较轻的义务时，则适用新法。

（三）呈请有权机关决定的规则

对于同级冲突的情况下，应如何适用执法依据作出相应的执法行为，这在理论上尚存在争议，目前我国也无相应的法律规定。一般认为，既然《行政复议条例》规定，行政复议机关应将有冲突的规则和行政规范性文件报请上级有权机关决定；《行政诉讼法》也规定，人民法院应将相互冲突的规则呈请国务院决定。那么在行政执法过程中，行政执法机关遇到有类似的情况，也应按此原则办理。

第三章 保密行政执法主体

行政执法的运作必须首先具有执法主体，而且，这种主体必须具备相应的执法主体资格，才能保证行政执法的合法有效运作，这是行政执法的首要环节。

第一节 保密行政执法主体

一、保密行政执法主体的资格

保密行政执法主体的资格，即取得保密行政执法主体地位的必要条件。按照行政法学的行政主体原理，所谓保密行政执法主体，是指享有保密行政执法权，对外能以自己的名义实施保密行政执法行为，并能独立承担由此产生的法律后果的社会组织。从这一概念可以看出，要取得保密行政执法主体资格而成为保密行政执法主体，必须同时具备下列四个要件：

（一）必须是社会组织

组织是指由个体所组成的有机整体，包括自然组织和社会组织两大类。只有社会组织才能成为保密行政执法主体，任何个体或个人及自然组织都不能成为保密行政执法主体。社会组织是指人们按一定的目的，自觉地、有意识地组成的整体，包括国家组织、政党组织、社团组织、企事业单位组织和其他社会组织。其中国家组织中又有国家行政组织、国家立法组织、国家司法组织和国家军事组织。这些社会组织各有其性质和目的，也并不当然就是保密行政执法主体，它们只有在法定条件下才能成为保密行政执法主体。

（二）必须享有保密行政执法权

要成为行政主体就必须具有行政权，即国家赋予的，运用国家强制力对行政事务进行管理的权力。没有行政权，任何组织都无法进行国家行政管理，就不能成为行政主体。国家行政机关依法享有行政权，其他国家机关也享有一定行政权，可以成为行政主体。企事业单位、社会团体等其他社会组织经法律、法规和规章的授权而取得一定的行政权，也可以成为行政主体。但任何不享有行政权的社会组织都不能成为行政主体。因此，拥有行政权便成了能够成为行政主体的本质要件。

保密行政执法主体作为行政主体的一种，也必须具有行政权，同时它作为保密行政执法行为的主体，它具有的这种行政权又进一步表现为一种保密行政执法权。要成为保密行政执法主体，就必须拥有保密行政执法权，即国家赋予的，运用国家强制力对保密行政事务进行管理的权力。根据《保密法》等法律、法规和规章的规定，各级保密工作部门拥有保密行政执法权，是最重要的保密行政执法主体；中央国家机关各部门及其他国家机关也享有一定的保密行政执法权，也可以成为保密行政执法主体。根据有关法律、法规和规章授予保密行政执法权的其他社会组织，也可以成为保密行政执法主体。不享有保密行政执法权的组织和个人，不是保密行政执法主体；即使享有行政权能成为行政主体的组织但不享有保密行政执法权，也不是保密行政执法主体。因此，是否拥有保密行政执法权是区分保密行政执法主体与其他行政主体的本质标准，拥有保密行政执法权是保密行政执法主体的本质特征。

（三）必须能以自己的名义

所谓“以自己的名义”，是指行为主体能够独立自主地表达自己的意志，按照自己独立的意志实施保密行政执法行为，即具有独立的法律人格。判断某一方面组织是否是保密行政执法主体，不仅要看其是否享有保密行政执法权，而且要看其是否能够以自己的名义实施行使该权力的保密行政执法行为。否则，即使行使着一定的保密行政执法权，也只能是一定主体的代表及其意志的具体表达者，而并非是保密行政执法主体。例如，保密工作部门中的某些内部机构或其工作人员尽管可以具体实施保密行政执法行为，但它们只能代表其所在的保密工作部门并以其所在保密工作部门的名义实施保密行政执法行为，而不能以自己的名义实施保密行政执法行为，因而不是保密行政执法主体。

（四）必须能够独立承担法律后果

法律后果包括具有法律意义的有利后果和不利后果，其中，不利的法律后果又称法律责任。任何行政主体都必须是依法有能力承担实施某种行政行为所产生的行政法律后果的社会组织。如果不能独立承担法律后果，尤其是不能承担行政法律责任的社会组织，也是不能成为行政主体的。同样，要成为保密行政执法主体就必须能独立承担实施保密行政执法行为所产生的法律后果。这包括三层含义：第一，作为保密行政执法主体的社会组织应当是能够承担法律后果的；如果不能承担法律后果，即没有责任能力，则不能成为保密行政执法主体。第二，作为保密行政执法主体的社会组织，应当能够承担实施保密行政执法行为所产生的法律后果，如保密行政法律责任；而不是看其能否承担其他行为而产生的法律后果，如民事、刑事法律责任。第三，作为保密行政执法主体的社会组织，还应当能够独立承担实施保密行政执法行为所产生的法律后果；不能独立承担的，不是保密行政执法主体。如各级保密工作部门能独立承担实施保密行政执法行为所产生的法律后果，也就能成为保密行政主体；而保密工作部门的内设机构、工作人员和受其委托的组织等，不能独立承担实施保密行政执法行为所产生的法律后果，它们代表保密工作部门实施保密行政执法行为所产生的有利或不利的法律后果，都由其所在的保密工作部门来承担，因而它们也就不能成为保密行政执法主体。

以上四项条件相互依存，缺一不可。只有同时具备以上四项条件的社会组织，才能成为保密行政执法主体。

二、保密行政执法主体的范围

保密行政执法主体的范围，即符合保密行政执法主体资格的社会组织有哪些。根据我国保密行政法规范的有关规定，保密行政执法主体有保密行政执法机关和保密行政法规范授权的组织两类。

（一）保密行政执法机关

1. 保密行政执法机关的涵义

保密行政执法机关是指具有保密行政执法主体资格的各种国家机关的总称。

首先，保密行政执法机关是国家机关，主要是保密工作部门和其他国家行政机关。国家机关是代表国家依法对各种国家事务进行组织和管理的机关，包括国家立法机关、国家行政机关、国家司法机关和国家军事机关。其中，国家行政机关是主管包括保密行政事务在内的各种国家行政事务的专门机关，因而是主要的保密行政执法机关。而根据《保密法》的规定，国家保密工作部门和地方各级保密工作部门又是主管保密行政工作的专门机关，因而各级保密工作部门又是最主要的保密行政执法机关。其他国家行政机关和其他国家机关只是主管本行业、本系统、本机关内的保密行政事务，也只有在对本行业、本系统、本机关内的保密行政事物进行管理时才具有保密行政执法主体资格，成为保密行政执法机关。国家机关单位系统之外的企事业单位、社会团体等其他社会组织，并不当然就具有管理国家涉密事务的职能，只有在得到了保密行政法规范的特别授权，才能成为保密行政执法主体，因此，从组织的性质来看，它们不是国家机关，也就不能称之为保密行政执法机关。而只能成为与之相对应的另一类保密行政执法主体。

其次，保密行政执法机关必须是具有保密行政执法主体资格的国家机关。这里主要强调的是具有保密行政执法权。保密行政执法权是国家行政权的一种。因此仅仅具有行政立法权和行政司法权等其他国家行政权的国家机关也不是保密行政执法机关，如国务院尽管具有保密行政法规的制定权，但并不具体负责保密行政法规的执法工作，不具体管理保密行政事务，因而一般来说，它并非具体的保密行政执法机关。

再次，保密行政执法机关是具有保密行政执法主体资格的各种国家机关的总称。也就是说，凡是具有保密行政执法主体资格的国家机关都是保密行政执法机关，而并非仅指哪一个具体的具有保密行政执法主体资格的国家机关。譬如，保密工作部门是最主要的保密行政执法机关，但除保密工作部门之外，还有许多其他国家机关也是保密行政执法机关。保密行政执法机关正是所有这些具有保密行政执法主体资格的国家机关的总称。

2. 保密行政执法机关的种类

按照保密行政执法机关是否兼有其他业务工作，可将保密行政执法机关分为专管性保密行政执法机关和兼管性保密行政执法机关。

专管性保密行政执法机关，是指专门管理保密行政事务的保密行政执法机关。各级保密工作部门即属于专管性保密行政执法机关。根据《保密法》、《保密法实施办法》等的有关规定，国家保密工作部门即国家保密局，是国务院主管全国保密工作的职能机构，县级以上地方各级人民政府保密工作部门即各级人民政府的保密局是各级政府主管本行政区域保密工作的职能机构，在其职权范围内，代表国家和地方各级政府专门管理有关保密工作事务，开展保密行政执法工作。

兼管性保密行政执法机关，是指兼管着保密行政事务在内的多项行政事务的保密行政执法机关。除各级保密工作部门之外的其他保密行政执法机关都属于这类保密行政执法机关。根据《保密法》、《保密法实施办法》等的规定，除各级保密工作部门之外的其他保密行政执法机关即兼管性保密行政执法机关，主要是中央和地方其他国家机关各主管部门，如国家安全部门、国家经济、科技主管部门等。

专管性保密行政执法机关和兼管性保密行政执法机关的主要区别在于：第一，管辖不同。或者说，它们的管理体制不同。专管性保密行政执法机关即国家保密工作部门和县级以上地方各级政府的保密工作部门，实行“属地管理（块块管理）”。国家保密工作部门主管全国范围的保密工作，其管辖区域及于全国；县级以上地方各级政府的保密工作部门主管本行政区域的保密工作，其管辖区域也及于本地区的整个行政区域。而兼管性保密行政执法机关即中央国家机关其他各业务主管部门和地方国家机关其他各业务工作部门，则实行行业管理和“系统管理（条条管理）”。它们只主管本行业和本该系统的保密工作。第二，任务不同。专管性保密行政执法机关即国家保密工作部门和县级以上地方各级人民政府的保密工作部门，只负有保密行政事务的管理任务，而不具有其他行政管理任务。而兼管性保密行政执法机关，即中央和地方国家机关其他各业务部门，既具有保密行政事务的管理任务，更有其他行政事务的管理任务即它们自身的业务工作。第三，身份不同。专管性保密行政执法机关只具有保密行政主体资格且主要是保密行政执法主体资格，而不具有其他行政主体资格。兼管性保密行政执法机关则既有保密行政主体资格，又具有其他行政主体资格，保密行政执法主体资格只是它们多重身份中的一种。

正是由于专管性保密行政执法机关即国家保密工作部门和县级以上地方各级人民政府的保密工作部门，其管辖广、任务专、身份单一，所以是最重要的保密行政执法机关，也是最主要的保密行政执法主体。

（二）保密行政法规范授权的组织

1. 保密行政法规范授权的组织的概念

保密行政法规范授权的组织，是指依照保密行政法规范的特别授权而取得保密行政执法主体资格的除保密行政执法机关之外的其他社会组织。如果将保密行政执法机关称为职权性保密行政执法主体，那么保密行政法规范授权的组织则可称为是授权性保密行政执法主体，它是与保密行政执法机关相对应的另一类保密行政执法主体。

目前，在我国可以说基本上还没有严格意义上的授权性保密行政执法主体。但是由于保密工作本身具有的广泛性和复杂性所决定，随着社会的发展，根据管理保密行政事务的需要，保密行政法规范有可能将一些保密行政执法权授予给某些社会组织，尤其是涉及国家秘密较多且密级较多的单位，从而使它们成为授权性保密行政执法主体。因此，有必要对这一问题作些探索性的研究。

2. 保密行政法规范授权的组织的特征

与保密行政执法机关相比，保密行政法规范授权的组织具有如下特征：

第一，保密行政法规范授权的组织是除保密行政执法机关之外的其他社会组织。也就是说，这些组织在授权之前，并不具有管理国家事务的职能，不属于国家机关系统，而只是一个从事非国家管理活动的普遍社会组织，如从事生产经营活动的企业组织，从事某种专业性活动的事业单位，从事某种公益性活动的社会团体等。只有在得到保密行政法规范授权之后，才取得保密行政执法主体资格。同时，这些社会组织在取得保密行政执法主体资格之后，其原来所拥有的身份、能力及活动范围，并未受到影响或改变。

第二，保密行政法规范授权的组织要经过保密行政法规范的特别授权。首先，这些组织要取得保密行政执法权必须具有保密行政法规范明文规定。只有保密行政法规范的明文规定，它们才拥有保密行政执法权。其次，这些组织要取得保密行政执法主体资格，还必须经保密行政法规范所规定的有权机关（如国家保密工作部门）进行特别授权。该法定的授权机关在授权时要作出授权决定，明确具体地指明授权的对象及其具体权限和相应的责任，并予以公告。公告的内容包括：授权的法律依据、授权机关与被授权的组织、所授权力的界限和期间及被授权组织的法定代表人、办公处所等。只有经过了这种特别授权，它们才能取得保密行政执法主体资格。而不同于保密行政执法机关可以依据保密行政法规范的规定直接取得保密行政执法主体资格。

3. 保密行政法规范授权的组织与保密行政执法机关委托的组织

在保密行政执法活动中，保密行政执法机关有时可能会基于客观需要，依法将自己拥有的某项执法权委托给某个社会组织去实施，那么该社会组织由此也就拥有一定保密行政执法权，可以在授权范围内实施相应的保密行政执法行为。这类组织就是保密行政执法机关委托的组织。保密行政法规范授权的组织基于法定授权而取得保密行政执法权；而保密行政执法机关委托的组织则基于行政委托而取得保密行政执法权。无论是法定授权还是行政委托都是保密行政执法权的转移，也都是非保密行政执法机关的其他社会组织获得保密行政执法权的两条重要渠道，因而两者具有相同之处，但又有着质的区别。其主要区别在于：第一，权力来源不同。在法定授权中，被授权组织的权力来源于保密行政法规范的明文规定；而在行政委托中受委托组织的权力来源于行政执法机关的委托。第二，法律地位不同。由于权力来源不同，两者的法律地位也就不同。在法定授权中，被授权组织能够以自己名义独立行使保密行政执法权，并自己承担由此所产生的法律后果；而在行政委托中，受委托的组织则只能以委托机关的名义实施保密行政执法权，由此而来所产生的法律后果也由委托机关来承担，这是由委托的代理性质所决定的。因此，授权的组织具有独立的主体资格，具有独立的法律地位，属于保密行政执法主体；而受委托的组织则不具有独立的主体资格，不是保密行政执法主体，其行为的真正的保密行政执法主体仍旧是委托的保密行政执法机关。

保密行政执法权，作为一种国家行政权力，具有不可随意转让或者任意处置性。因此，保密行政执法机关在进行行政委托时必须符合一定的委托条件并遵循一定的规则。这些条件和规则包括：第一，委托必须有法定依据，即保密行政执法机关必须在法律、法规或者规章规定可以委托的条件下，才能委托。没有法定依据的委托，叫做“自行委托”，是不合法的，也是无效的。第二，委托必须在法定权限内，即保密行政执法机关只能在自己的职权范围内进行委托，超越权限的委托是无效的。第三，必须履行书面委托手续。在书面委托手续中，明确委托的范围、权限、期限及相应的要求。第四，必须对委托组织的行为加强监督。这是委托机关的职责，决不允许一托了事，撒手不管。

同时，受委托的组织尽管不具有保密行政执法主体资格，但代表委托的保密行政执法机关实施着一定的保密行政执法权，因此，受委托的组织也必须要符合法定的条件，如该组织是依法成立的，具有法人资格，熟悉保密业务等；并在具体实施保密行政执法行为时也要遵循一定的规则，包括：第一，必须以委托机关的名义实施保密行政执法行为。第二，必须在委托的范围内实施保密行政执法行为。如果不以委托机关的名义，或超越委托范围而作的行为，由此产生的法律后果，委托的保密行政执法机关不予承担，而应由受委托的组织自行负责。第三，不得再委托其他任何组织或者个人实施保密行政执法行为。这是因为保密行政执法权作为重要的行政权力，不应具有双重转让性，受托人不应具有自行再转让委托的权力，因而受委托的组织不得将委托的事项再行委托。

三、保密行政执法主体与相关概念的区别

为了进一步认识行政执法主体的内涵和外延，有必要将其与相关的概念作一认真的区别。

（一）保密行政执法主体与保密行政主体

保密行政主体是指享有保密行政权，能以自己的名义实施

保密行政行为，并能独立承担由此而产生的法律后果的社会组织。可见，保密行政主体是保密行政执法主体的上位概念，保密行政执法主体只是保密行政主体中的一种，除此之外，保密行政主体还有保密行政立法主体等。保密行政执法主体必定是保密行政主体，但保密行政主体不一定是保密行政执法主体。保密行政主体只有在行使执法权实施保密行政执法行为时才是保密行政执法主体，在其他场合属于其他保密行政主体的身份。

（二）保密行政执法主体与保密行政执法机关

保密行政执法机关是最主要的保密行政执法主体，两者具有密切联系，但又是不能等同的。这是因为：第一，保密行政执法机关并非唯一的保密行政执法主体。保密行政执法主体除了保密行政执法机关之外，还可以是保密行政法规范授权的组织。保密行政执法机关只是保密行政执法主体中的一种，当然也是最主要、最重要的一种。第二，保密行政执法机关并不始终是保密行政执法主体。保密行政执法机关只是在行使保密行政执法权，实施保密行政执法行为时才是保密行政执法主体，而在其他场合并不是执法主体。也就是说，保密行政执法机关具有多重身份，在不同的场合具有不同的身份。当保密行政执法机关从事民事活动时，其身份是“机关法人”，即民事主体，而不是保密行政执法主体。例如，某保密工作部门为建筑办公大楼而与建筑公司签订合同，这时该保密工作部门就是一种民事主体。当保密行政执法机关从事保密行政执法之外的活动时，也可以成为有关行政主体的相对人。例如，某保密工作部门为建筑办公大楼而向规划部门申请建筑许可证，这时该保密工作部门即是规划部门的行政相对人。再如，保密工作部门在接受上级保密工作部门的保密监督检查时，是内部相对人。此外，当保密行政执法机关从事保密行政执法之外的活动时，还可以成为其他方面的行政主体而并非保密行政执法主体。例如，国家保密工作部门在制定保密规章或其他规范性文件时，其身份是保密行政立法主体。再如，兼管性行政执法机关在进行保密行政事务之外的其他行政事务的管理时，也是其他方面的行政主体，而不是保密行政执法主体。

正是由于上述原因，在这里我们要研究并使用“保密行政执法主体”这一概念，一方面用以全面地概括保密行政执法机关和授权的组织这两类执法主体，因为保密行政执法机关并非唯一的保密行政执法主体；另一方面更重要的是认定各种保密行政执法机关在保密行政执法上的主体资格，从而进一步确定保密行政执法行为的效力及其法律后果的承担，乃至在行政复议和行政诉讼中的地位，这是因为保密行政执法机关并不始终是保密行政执法主体，当它们以其他主体身份出现而实施的行为的性质及其法律后果都是不同的。

（三）保密行政执法主体与保密行政执法人员

保密行政执法人员，是指保密行政执法主体中依法代表保密行政执法主体行使保密行政执法权，从事保密行政执法工作的人员。保密行政执法主体与保密行政执法人员之间具有密不可分的联系。首先，保密行政执法主体作为一种社会组织，是一种抽象的法律人格，并不能自行实施具体的执法活动，而需要其内部组成分子来完成。保密行政执法主体的执法活动归根结底都是由无数行政执法人员代表保密行政执法主体来具体实施的。因此，保密行政执法主体离不开保密行政执法人员，离开保密行政执法人员，保密行政执法主体将成为一个空洞的躯体、外壳，可以说，保密行政执法主体就是由一个个保密行政执法人员组成的集合概念。其次，保密行政执法人员也不能离开保密行政执法主体而独立存在，离开保密行政执法主体，就不能以执法人员的身份，代表保密行政执法主体，从事任何执法行为。所以，保密行政执法主体与保密行政执法人员之间具有不可分割的联系。

但是，保密行政执法主体与保密行政执法工作人员又是有区别的。其一，保密行政执法主体拥有保密行政执法权；保密行政执法人员本身并不拥有保密行政执法权，而只是代表保密行政执法主体行使该权力，从事保密行政执法工作。其二，保密行政执法主体能以自己的名义实施保密行政执法行为；保密行政执法人员则只能以保密行政执法主体的名义而不能以自己的名义实施行政执法行为。其三，保密行政执法主体能够而且应当独立承担实施保密行政执法行为所产生的法律后果；保密行政执法人员则不能也不应当独立承担这种法律后果，保密行政执法人员即使故意或严重过失地违法实施保密行政执法行为而产生的法律责任，也都归于保密行政执法主体。就对外来说，保密行政执法人员实施保密行政执法行为所产生的法律责任，就是保密行政执法主体的法律责任，而不是保密行政执法人员个人的责任。可见，保密行政执法人员并不是保密行政执法主体，而是保密行政执法主体的构成部分，隶属于保密行政执法主体。

四、保密行政执法主体的职权和职责

保密行政执法主体的职权和职责，即保密行政执法主体依法所应享有的法定权利和承担的法定义务，是保密行政执法主体的法律地位的综合体现。了解保密行政执法主体的职权和职责，有利于进一步认识保密行政执法主体应有的法律地位。

（一）保密行政执法主体的职权

1. 保密行政执法主体职权的涵义和特征

保密行政执法主体的职权有广义和狭义之分。广义上的职权，是指保密行政执法主体所具有的一切职权，既包括执法方面的职权，也包括其他方面的职权。这里我们所称的职权仅限于执法方面的职权。

如前所述，保密行政执法权是保密行政执法主体的核心要求和本质特征，只有拥有保密行政执法权的社会组织才能成为保密行政执法主体。而一个社会组织一旦取得保密行政执法主体资格也就具有了相应的具体的执法权，即行政职权。因此，职权是执法权的转化形式和具体化，执法权一旦被具体定位到某个执法主体，即转化该主体所拥有的具体职权，成为该主体实施执法行为的一种资格和职能。具体而言，所谓保密行政执法主体的职权，是指保密行政执法主体实施保密行政执法执法活动的资格及其权能，是保密行政执法权的具体表现和转化形式。它具有如下特征：

(1) 法律性。保密行政执法主体的职权是一种法定权力，为法律所设定。因此，保密行政执法主体不得自行确定职权，也不得违法行使职权。

(2) 公益性。法律为保密行政执法主体设定职权是为了实现保密行政管理职能，维护国家的安全和利益即公共利益，并不是为保障保密行政执法主体的自身利益而设置的。因此，该职权的行使只能用于公共利益，而不能以权谋私，包括谋取部门或单位利益。

（3）优益性。即保密行政执法主体在行使职权时依法享有的优惠条件，这是由其公益性所决定的。职权的优益性主要表现为：第一，先行处置。保密行政执法主体行使职权，应当遵循完整的法定程序，但在紧急情况下，可以不受程序制约而先行采取措施。第二，获得协助。保密行政执法主体在执法的过程中，有关组织和个人均有协助的义务。特别是在特殊的紧急执法时，应优先予以协助，违反者须承担法律责任。第三，推定有效。保密行政执法主体的职权一经行使，法律就承认其结果的有效性。也就是说，保密行政执法主体行使职权的行为，无论是否违法，首先推定该行为有效，在没有被国家有权机关撤销之前，相对人必须遵守执行。即使相对人申请行政复议或提起行政诉讼，指控该行为违法，也不影响其效力，不停止执行。第四，物质受益。为了保证保密行政执法主体有能力行使职权，国家有责任向其提供与执法有关的行政经费、办公物品、交通工具等。

（4）强制性。保密行政执法主体的职权作为国家行政权的组成部分，它的实施是以国家强制力为后盾的。也就是说，保密行政执法主体行使职权的行为，一旦生效就必须执行，如遇到违抗或障碍，可动用强制手段实现执法的目的。

保密行政执法主体的职权除具有上述一般特征外，还具有自身特殊的特定性，即该种职权只有保密行政执法主体才能行使，其他任何机关、团体和个人都不具有这种职权，也不能干预保密行政执法主体依法独立行使这种职权；同时，这种职权只能用于保密行政执法领域，而不能用于其他场合。

3. 保密行政执法主体职权的内容

保密行政执法主体职权的具体内容因主体的不同而有一定的差异，不同的保密行政执法主体的职权范围也不一样。但是，总的来说，保密行政执法主体的职权主要有以下三个方面的内容：

（1）行政检查权。即保密行政执法主体依法对相对人履行法定保密义务的情况进行监督检查的权力。

（2）行政处理权。即保密行政执法主体依法对相对人的权利义务作出处理决定的权力，具体包括许可权、处分权、处罚权、奖励权等。

（3）行政强制权。是指保密行政执法主体在执法过程中对相对人采取强制措施的权力，包括即时强制权和强制执行权。

（二）保密行政执法主体的职责

保密行政执法主体的职责是指保密行政执法主体在行使职权时必须承担的法定义务。保密行政执法主体在行使职权时，必须同时履行相应职责。换言之，职权和职责是保密行政执法主体的权利和义务的具体体现，“没有无权利的义务。也没有无义务的权利”，二者是辩证统一、密不可分的。保密行政执法主体职责的内容也依不同的主体而有区别。从一般情况看，保密行政执法主体职责的主要内容是：（1）依法履行职务，不失职；（2）严守权限规定，不越权；（3）符合法定目的，不滥用职权；（4）遵循法定程序，避免程序违法。

保密行政执法主体依法行使自己的职权，严格履行自己的职责，如果违法行使职权，不履行或拖延履行职责，都构成违法行为，必须承担相应的法律责任即行政责任。

第二节　保密行政执法人员

保密行政执法主体作为一种社会组织，是由保密行政执法人员组成的，同时其执法行为也是通过保密行政执法人员来具体实施的，没有保密行政执法人员，保密行政执法主体将成为一个躯体。

一、保密行政执法人员的概念和特征

保密行政执法人员，是指保密行政执法主体中，依法代表保密行政执法主体，执行保密行政执法任务的工作人员。它具有如下特征：

(一)保密行政执法人员是保密行政执法主体中的工作人员

这就是说，保密行政执法人员所在的组织必须是保密行政执法主体，非保密行政执法主体的其他任何人员都不是保密行政执法人员。由于保密行政执法人员所在的保密行政执法主体既可能是国家行政机关，也可能是其他国家机关，还可能是非国家机关的其他社会组织。因此，保密行政执法人员从性质上来说，可能是国家公务员，也可能是非国家公务员，而不能与国家公务员相等同。在我国，根据《国家公务员暂行条例》的规定，国家公务员特指国家行政机关中除工勤人员以外的工作人员。那么，凡是国家行政机关，包括各级保密工作部门和其他行政机关各部门中的保密行政执法人员即属于国家公务员；凡是非国家行政机关，包括其他国家机关、保密行政法规范授

权的组织和保密行政执法机关委托的组织中的保密行政执法人员就不属于国家公务员。据此，保密行政执法人员可分为两大类，即国家公务员性质的保密行政执法人员和非国家公务员性质的保密行政执法人员。对这两类执法人员的要求和管理并非完全一样，前者必须按照《国家公务员暂行条例》执行；后者只是参照该条例的规定执行。

(二)保密行政执法人员是从事保密行政执法任务的工作人员

保密行政执法人员所从事的职业是保密行政执法，担负着保密行政执法的任务。非从事保密行政执法任务的人员，即使属于保密行政执法主体中的人员,也不是保密行政执法人员。如兼管性保密行政执法机关中，从事其他行政事务的人员就不是保密行政执法人员。还有保密行政执法主体中的工勤人员等也不属于保密行政执法人员。既然要从事保密行政执法任务，受保密行政执法主体的委托，保密行政执法人员就必须享有一定的职权，并承担一定的职责。这些职权和职责都是作为保密行政执法人员所特有的，如果不具有这些特定的职权和职责，则不是保密行政执法人员。而且只有保密行政执法人员在行使这些职权兼履行相应的职责时,其身份才是保密行政执法人员,否则就是其他身份的人员，可能是一般公民的身份，也可能是行政相对人的身份等。可见，任何一个保密行政执法人员都兼有着多重身份，其中主要的是公民身份和执法人员身份。只有在执行保密行政执法任务时，才是执法人员身份。

（三）保密行政执法人员是保密行政执法主体的代表

保密行政执法人员并不具有保密行政执法主体资格，它只是保密行政执法主体的代表，而并不是保密行政执法主体本身，与保密行政执法主体之间的关系是一种委托代理关系。因此，保密行政执法人员只能代表保密行政执法主体以保密行政执法主体的名义实施保密行政执法行为，由此产生的法律后果也归属于保密行政执法主体，而不能以自己的名义独立实施保密行政执法行为。如果保密行政执法人员以个人的名义就是一种公民身份，则只能独立实施其个人行为，由此而产生的后果则应由个人承担。

值得注意的是，由于保密行政执法人员既具有执法人员身份，又具有公民身份，与此相应的行为也既有执法行为又有个人行为，由此产生的法律后果归属也完全不同，即执法行为的责任由执法主体承担，作为公民的个人行为责任则由自己承担。因此，保密行政执法人员在实际活动中不能将其身份与其行为相交错或相混淆，否则就会发生违法现象，即当保密行政执法人员以公民身份去对待执法行为时，就会发生失职；相反，以执法人员的身份去从事个人行为时，就出现滥用职权。

二、保密行政执法人员的权利和义务

保密行政执法人员的权利和义务实际上包括两方面：一是作为普遍公民所具有的基本权利和义务；二是作为保密行政执法人员所具有的职务上的特殊权利和义务。但这两个方面的权利义务往往不可能同时都兼有。尤其是保密行政执法人员作为执法人员的特殊身份和职业要求，使得保密行政执法人员以公民身份所享有的某些权利在一定范围和条件下要受到一定的影响和限制。在我国，《国家公务员暂行条例》结合上述两个方面，着重就国家公务员职务上的权利义务作了明确规定。公务员性质的保密行政执法人员应按此执行，非公务员性质的保密行政执法人员也应参照执行。

（一）保密行政执法人员的权利

保密行政执法人员享有下列权利：

1. 身份保障权。即保密行政执法人员作为执法人员的身份和职务应受到法律保障，非因法定事由和非经法定程序，不得被免职、降职、辞退或者行政处分。

2. 执行公务权。即保密行政执法人员有权获得为履行其职责所应有的法定权力，主要是保密行政法律规范所赋予的各种相应的职权，如行政检查权、行政处理权、行政强制权等。当然，这些职权必须代表其所在的保密行政执法主体来予以行使。

3. 工资福利权。即保密行政执法人员有权获得法定的劳动报酬和享有法定的保险及福利待遇。

4. 参加培训权。即保密行政执法人员有权参加政治理论和保密业务知识及其他方面的培训，以保障其自身具备保密行政执法必备的专业知识能力和自身的发展。

5. 批评建议权。即保密行政执法人员有权对其所在执法机关及其领导人的工作提出批评建议，任何人都不得予以压制，更不得乘机或变相打击报复，否则，必须追究打击报复者的法律责任。

6. 申诉控告权。即保密行政执法人员对涉及其本人的人事处理决定，如行政处分的决定，被降薪、降职或被辞退的决定等，可以向有关部门提出控告。

7. 辞职权。即保密行政执法人员如因主观或客观原因不愿意继续担任现职和公职，有权辞去现职和公职，但应遵守相关规定。

8. 宪法和法律规定的其他权利。主要指人身自由权、平等权、政治权利及退休退职权、休息权等。

（二）保密行政执法人员的义务

保密行政执法人员必须履行下列义务：

1. 严格遵守保密法律法规和执行保密纪律。保密行政执法人员作为保密法律、法规、规章的执行者，必须首先自己要严格遵守保密法律法规的规定，在人民群众中起到表率作用。同时，为了保证保密行政执法人员严格守法，依法执行公务，有关部门还专门为保密干部制定了必要的保密纪律，这也是保密行政执法人员必须严格遵守的。

2. 依法执行公务。依法执行公务是保密行政执法人员的一项职权，同时也是保密行政执法人员的一项职责。作为一项职责要求保密行政执法人员执行公务时必须严格依照保密法律、法规、规章的规定办事，做到不失职、不越权、不滥用职权，这是依法行政在保密行政执法中的具体化。

3. 保守国家秘密，维护国家安全和利益。这既是《宪法》和《保密法》规定的公民的基本义务，也是《国家公务员暂行条例》所规定的每个国家公务员所必须遵守的义务。保密行政执法人员作为从事国家保密工作的专门人员，其工作的性质决定他们必须严格履行这种义务。

4. 努力为人民服务。即保密行政执法人员要密切联系群众，倾听群众意见，接受群众监督，努力为人民服务。

5. 忠于职守，服从命令。即保密行政执法人员在执法过程中要坚持原则，忠于职守，勤奋工作，尽职尽责，并坚决服从命令。

6. 遵守职业道德。即保密行政执法人员应当公正廉洁、克己奉公，不得利用职权谋取私利。

7. 宪法和法律规定的其他义务。

三、保密行政执法人员的素质要求

保密行政执法人员的素质，是其从事保密行政执法工作所应具有的基本条件。作为保密行政执法人员除了应具备一般行政工作人员都应具备的生理条件和文化水平之外，还应具备下列素质要求，或者说在下列素质方面有着特殊要求：

（一）政治素质

保密行政执法人员应具有较高政治思考素质，即要有正确的政治方向、坚定的政治立场、政治观点，有严格的政治纪律性，有较高的政治鉴别力和政治敏锐性。具体讲，就是要用列主义毛泽东思想和邓小平理论武装自己，坚定不移地贯彻执行党的基本路线，在思想上、政治上、行动上与党中央保持一致，坚持贯彻执行党和国家有关保密工作的方针、政策、法律法规、指示、决定。保密行政执法人员还要具有一定的政治理论水平，要熟悉和了解党的方针、政策，并能运用马列主义的立场、观点、方法来认识、分析、解决问题，能在实际工作中自觉地、创造性地贯彻执行党在新时期保密工作的指导思想和方针、政策，使保密工作更好地为改革开放和经济建设服务。

（二）执法能力

保密行政执法人员作为专门从事执法工作的人员，必须具备较高的执法能力，即对纷繁复杂的执法对象和执法中遇到的各种情况，需要有去粗取精，去伪存真、由表及里、由此及彼的综合判断能力；对工作中遇到的新情况、新问题要有深入调查研究、发现问题、提出问题和解决问题的能力；对所作的执法行为要有条理清楚、明白无误的分析表达能力；对瞬息万变的情况要有灵敏的思维反应能力和较强的逻辑思维能力。

（三）业务知识

保密行政执法人员作为从事保密行政执法业务工作的专门人员，还应十分熟悉和掌握保密行政执法工作所涉及的业务知识。这主要包括两个方面的知识：一是保密工作的方法、手段等保密专业知识；二是与保密工作相关的其他业务知识，如市场经济知识、现代科学技术知识、法律知识和现代管理知识等。其中尤其要熟悉法律知识，不仅要熟悉与保密行政执法工作相关的专门法律、法规和规章，还应熟悉行政法方面的基本法律、法规，如《行政处罚法》、《行政诉讼法》、《国家赔偿法》和《行政复议条例》等。对所有这些专业知识和法律知识不仅要十分熟悉，还应在执法过程中运用自如。

（四）工作作风

作风是一个组织、一支队伍或个人的世界观、价值观外化在行动中的一贯表现和态度，因而具有直观性、确定性和普遍性的特点。保密行政执法人员无疑要具有良好的工作作风。这主要体现在坚持实事求是的思想路线和全心全意为人民服务的宗旨上。实事求是，一切从实际出发，是所有的工作都应坚持的思想路线。它具体落实在保密行政执法工作中，就是要求保密行政执法人员应做到全面、公正地调查和收集一切与保密执法有关的证据材料，倾听当事人的陈述、申辩以及其他相关人员的意见和建议，防止偏听偏信、先入为主和主观臆断，并从客观事实出发，实事求是地进行分析判断，作出处理。树立全心全意为人民服务服务的宗旨，就是要求保密行政执法人员在执法工作中要坚决维护党和国家的利益，维护人民群众的利益，确立全心全意为人民服务的世界观、价值观、人生观。

四、保密行政执法人员的管理制度

为了切实保证保密行政执法人员具有良好的素质，并激发其工作的积极性和创造性，促使其更好地履行其职责，就必须建立健全一整套有关保密行政执法人员的管理制度。在我国，《国家公务员暂行条例》对国家公务员的录用、任免、培训、交流、辞职辞退、考核、奖惩、工资保险福利和职务升降等方面的管理都作了明确规定，这些规定同样适用于对保密行政执法人员的管理。

（一）保密行政执法人员的录用与任免制度

1. 录用

保密行政执法人员的录用，是指依法定程序和方法，将符合一定条件的人员吸收为保密行政执法人员，担任某种行政职务的制度。适用录用制度的对象仅限于初进保密行政执法机关、担任主任科员以下非领导职务的保密行政执法人员，其他保密行政执法人员则宜采用晋升、调任等办法。保密行政执法人员的录用，必须坚持德才兼备的标准，既强调政治思想、道德品质，又注重文化知识水平和业务能力。和其他国家公务员一样，保密行政执法人员原则上也应采用公开考试、严格考核的录用方法，并遵循下列法定的录用程序：(1) 发布招考公告；(2) 对报考人员进行资格审查；(3) 对审查合格者进行公开考试；(4) 对考试合格者进行德才情况即政治思想、道德品质、工作能力等的考核；(5) 根据考试、考核结果提出录用人员名单，报有关人事部门审批。保密行政执法人员的录用，是保密行政执法人员管理的重要环节，直接影响着保密行政执法人员的素质和构成。严格执行保密行政执法人员录用制度，把好保密行政执法人员队伍的“进口”，有利于选拔优秀人才，保障保密行政执法人员队伍的基本素质；有利于人才资源的合理配置，实现保密行政执法人员队伍的优化、精干、高效；也有利于加强廉政建设，杜绝使用干部上的不正之风。

2. 任免

保密行政执法人员的任免，是指依照法定程序，任命或者免除保密行政执法人员担任某一职务，包括任职和免职两个方面。保密行政执法人员的任免，是保密行政执法人员管理制度中的基础性环节，保密行政执法人员的录用、升降、交流、退休等许多环节，都要通过职务任免来实现。建立规范化、制度化的保密行政执法人员任免制度，对于合理地使用保密行政执法人员、提高保密行政执法人员的素质、优化保密行政执法人员队伍等都具有十分重要的意义。

根据《国家公务员暂行条例》的规定，国家公务员职务实行委任制，部分职务实行聘任制。保密行政执法人员的职务也可以采取这两种任用形式。

(二) 保密行政执法人员的培训与交流制度

1. 培训

保密行政执法人员的培训，指各级保密工作部门及其他保密行政执法机关根据形势和任务的需要，对保密行政执法人员进行有组织、有计划的教育培养和训练。这既是保密行政执法人员的权利，也是一项义务。保密行政执法人员的培训，是提高保密行政执法人员的素质和能力的有效途径，尤其是对于促进保密行政执法人员的知识技能与社会发展的同步化，从根本上改变保密行政执法人员队伍的素质结构具有十分重要的意义。

为使保密行政执法人员的培训工作沿着正确的轨道发展，应当强调四个原则：一是理论联系实际的原则。要学习运用马列主义立场、观点、方法，分析和解决行政执法中的实际问题。二是学用一致原则。既要根据培训目标确定培训的内容和方法，防止单纯追求培训人员的指标、数量或者追求文凭；又应量才用人，要把培训成绩和鉴定作为任职和晋升职务的依据之一。三是按需施教原则。培训的内容和形式，要符合形势和工作任务的需要，并且按照不同岗位所需的知识和技能确定。四是讲求实效原则。培训要根据本地、本部门保密行政执法人员的状况和工作要求，制定全面周密的计划，确定不同层次的计划方案和培训教材，提供保证计划实施的场所、设备、师资，严格管理制度和质量评估制度。

保密行政执法人员的培训，包括职前培训和在职培训，具体分为四类：一是初任培训。这一类培训的目的，在于使新录用的人员加强了解保密行政执法人员管理制度，懂得保密行政执法工作的一般常识，了解行将从事的工作内容、特点、职权、责任、纪律和考核标准等，基本掌握工作的操作技能。培训的方式，包括专门教育和工作见习两种。前者比较系统，但不够形象，后者比较实用，但缺少深度。具体采用何种方式，视不同职务要求和可能的培训条件而定。二是任职培训。这是为拟任新的领导职务的保密行政执法人员进行所需的政策水平、组织领导能力和专业知识方面的培训。任职培训具有知识和能力强化的性质。三是专门业务培训。这是为某些保密行政执法人员从事某个专项工作如计算机运作等所需要的知识和技能而进行的培训。四是更新知识培训。按照形势和社会发展的需要，对在职保密行政执法人员分批分期进行短期培训，以新增、补充、拓宽相关知识为目的。

2. 交流

保密行政执法人员的交流，是指根据工作需要或者保密行政执法人员本人的愿望变换其工作岗位的制度。其目的在于尽可能地将每个任职者安排到最适合发挥其特长的职位上，使他们的才能乃至潜能得到最大限度的发挥，以求实现适才适用、人尽其才、才尽其用。建立保密行政执法人员交流制度，对于扩大保密行政执法人员的实践范围，开阔保密行政执法人员的视野，提高保密行政执法人员队伍素质都具有重要意义。保密行政执法人员的交流，有利于人员的优化配置。

保密行政执法人员的交流既可以是内部交流，也可以是外部交流。内部交流即保密行政执法机关系统内部的交流，包括在同一部门内的不同职位之间的交流和跨地区、跨部门的交流。外部交流即进、出保密行政执法机关系统的交流，包括保密行政执法机关外的人员调入保密行政执法机关任职和保密行政执法人员调出保密行政执法机关到其他国家机关或者企业、事业单位工作。

（三）保密行政执法人员的考核与奖惩制度

1. 考核

保密行政执法人员的考核，是指按一定程序和要求对保密行政执法人员的“德”、“能”、“勤”、“绩”四个方面情况进行考察和评定，并以此作为对保密行政执法人员的奖惩、辞退及调整职务、级别和工资依据的制度。建立富有激励作用的、科学合理的保密行政执法人员考核制度，有利于对保密行政执法人员的工作表现作出客观公正的评价；有利于发现优秀人才，合理使用保密行政执法人员；有利于鼓励先进、鞭策后进，增强保密行政执法人员的工作责任心；也有利于保密行政执法人员管理的各个环节有机结合，发挥综合效应。

保密行政执法人员的考核内容，包括德、能、勤、绩四个方面。“德”，主要是考察保密行政执法人员的政治、思想和道德品质。“能”，主要是考察保密行政执法人员的业务知识和工作能力。工作能力包括基本能力和应用能力。基本能力是指所在单位所要求的文化知识、专业技能及身体条件等基本素质方面的能力；应用能力是指解决问题的能力、创造能力、组织能力、对外交往和对内协调能力等。“勤”，主要是考察保密行政执法人员的工作态度和勤奋敬业表现。“绩”，主要是考察保密行政执法人员工作的数量、质量、效益和贡献。

2. 奖惩

保密行政执法人员的奖惩制度，包括奖励和惩戒两个方面。所谓奖励，是指因保密行政执法人员有突出表现或有特殊贡献而给予其物质或精神奖励；所谓惩戒，是指因保密行政执法人员有过错发生违法失职行为而给予其行政处分(甚至行政处罚，构成犯罪的还要依法追究其刑事责任)。建立奖励和惩戒的目的是为了调动保密行政执法人员的积极性和创造性，鼓励和引导保密行政执法人员忠于职守，廉洁从政，同时防止和纠正保密行政执法人员的违法失职行为，提高保密行政执法人员的执法水平。

对保密行政执法人员予以奖励，是一种富有激励作用的机制，应当坚持精神奖励和物质奖励相结合的原则。精神奖励，主要是满足保密行政执法人员的精神需要，增强工作的光荣感和责任感；物质奖励，则是给予保密行政执法人员必要的物质鼓励。两者各有特点，不可偏废。仅强调物质奖励，容易进入金钱万能的死胡同；光是精神奖励，也会使激励成为无本之木。同时，还要强调精神鼓励为主的原则，以促使执法人员达到更高的精神境界。精神奖励，包括嘉奖、记功（三等功、二等功、一等功）和授予荣誉称号；二是物质奖励，包括发给奖品和奖金、晋升职务工资等。

以惩戒的主要包括警告、记过、记大过、降级、撤职和开除六种。除行政处分之外，保密行政执法人员以公民个人身份实施的个人行为违反有关行政法律规范时，还应给予行政处罚；保密行政执法人员违法行为，情节严重，构成犯罪的，还应追究其刑事责任。

（四）保密行政执法人员的职务升降和辞职辞退制度

1. 职务升降

保密行政执法人员的职务晋升，应贯彻“德才兼备、任人唯贤”的原则。“德”，是指政治觉悟和道德品质。“才”，是指文化水平、专业知识和工作能力等。德才兼备，就是要求德和才的统一性，不可偏废任何一面。任人唯贤，就是要求把德才兼备的保密行政执法人员任用、晋升到适宜的工作岗位，反对以私人感情、宗派利益来任用、晋升保密行政执法人员。职务晋升，还应强调“注重工作实绩”的原则。因为工作实绩是检验保密行政执法人员政治觉悟、道德品质、工作能力和业务水平的具体尺度。保密行政执法人员的职务晋升，还必须在国家核定的职位限额内进行，应当具备拟任职务所要求的资格条件，并按照法定程序进行。

保密行政执法人员的降职，也应符合下列条件：一是在年度考核中被确定为不称职的。二是通过年度考核或者平时考核，表明该执法人员缺乏履行现职的条件和能力，而且转任同一职级的其他职务也不合适的。

2. 辞职辞退

保密行政执法人员的辞职，是指保密行政执法人员担任现职后因某种理由或意愿，依法提出辞去所担任的职务，并经所在保密行政执法机关同意后解除其职务的制度。保密行政执法人员的辞退，则是指保密行政执法机关根据法定理由单方面解除保密行政执法人员职务的制度。辞职是保密行政执法人员的权利，而辞退则是保密行政执法机关的权利。建立保密行政执法人员的辞职辞退制度，不仅有利于保障保密行政执法人员择业和保密行政执法机关择人的权利，也有利于保障行政执法人员的合理流动、优化保密行政执法队伍结构提高人员素质促进保密行政执法机关的廉政勤政建设。

保密行政执法人员的辞职，应依照一定程序提出并符合法定的要求。在下列两种情况下，保密行政执法人员不得辞职：一是在重要涉密岗位上任职且机关认为辞职，可能危及国家秘密安全的保密行政执法人员；二是不满所在机关规定的最低服务年限（一般为3至5年）的保密行政执法人员。辞退，也必须具备正当理由，并也受到一定的限制，如因公致残并被确认丧失工作能力，或者患严重疾病正在进行治疗，或者女性人员在孕产期及哺乳期内的，都不得辞退该执法人员。

3. 申诉控告

保密行政执法人员为保障其合法权益，可以依法行使申诉控告的权利。具体而言，保密行政执法人员对涉及本人的人事处理决定不服的，可以在接到处理决定之日起30日内向原处理机关申请复核，或者向同级人民政府人事部门申请，其中对行政处分决定不服的，还可向行政监察机关申诉。保密行政执法人员对所在机关及其领导人侵犯其合法权益的行为，可向上级机关或行政监察机关提出控告；受理控告的机关必须按照有关规定作出处理。有关机关对保密行政执法人员处理错误的，应当及时予以纠正；造成名誉损害的，应当负责恢复名誉、消除影响、赔礼道歉；造成经济损失的，应当负赔偿责任。

第三节　保密行政执法对象

任何行政执法都是一种双方的法律活动，除了执法主体之外，还必须针对一定的对象，即与执法主体相对应的另一方当事人。仅有执法主体，而无执法对象，便无法产生具体的行政执法法律关系，具体的执法活动也就不可能存在。因此，执法对象既是行政执法构成不可缺少的因素之一，也是与执法主体紧密相联系的一个重要问题。

一、保密行政执法对象的概念

保密行政执法对象，又称保密行政相对人，是指具体的保密行政执法活动中与保密行政执法主体相对应的另一方当事人，即处于被管理地位上的具体个人或组织。它具有如下特征：

（一）被管理性

保密行政执法对象作为与保密行政执法主体相对应的另一方当事人，从地位上来看，必然具有被管理性，即在具体的保密行政执法活动中处于被管理的地位。也就是说，在具体的保密行政执法活动中，由于保密行政执法主体拥有保密行政执法权，在保密行政执法中处于主导的和“管理者”的地位，而保密行政执法对象，即与“管理者”相对的一方则处于接受管理或“被管理者”的地位。双方地位具有不对等性。尽管如此，保密行政相对人也不是消极被动的，他仍然可以在管理过程中主动地充分行使自己法定的和合法的权利，但性质上却始终是被管理者，服从管理是其必须履行的义务。

（二）具体性

保密行政执法对象作为保密行政执法活动所指向的具体个人或组织，必须是具体的或特定的，而不是某种抽象的或不特定的法律资格。这是因为保密行政执法活动本身是一种具体行政行为，而不是一种抽象行政行为，它针对的对象只能是特定的相对人，如果没有特定的相对人，也就没有保密行政执法活动。任何个人或组织都可能成为保密行政执法的对象，但这仅具有可能性或抽象性，只有当它成为某个具体保密行政执法所指向的对象时，才能称为保密行政执法对象。譬如，任何公民都有保守国家秘密的义务，因而都可能成为保密行政执法的对象，但只有保密行政执法机关在对该公民进行管理或对该公民违反保密义务的行为进行处理时，该公民才能成为保密行政执法的对象。保密行政执法对象正是指这种现实的、具体的个人或组织。

（三）相对性

从身份上来看，作为保密行政执法对象的相对人是相对的，而不是绝对的或固定的。某个具体个人或组织成为相对人，是指他在某一具体的保密行政执法活动中为相对人，具有相对人的身份，而不是指他是永恒的或无条件的相对人。在某一具体保密行政执法活动中是相对人，在另一个保密行政执法活动中可能是执法主体或执法人员，反之亦然。譬如，任何一个保密行政执法人员在履行职责时是保密行政执法主体的代表，其身份是执法人员，但当他以公民身份出现时就是相对人，当他接受所在保密行政执法主体的管理时也是相对人。只不过前者是外部相对人，后者是内部相对人。再如，保密行政执法机关在行使执法权时，是保密行政执法主体；当接受上级保密行政执法机关的执法检查和其它方面的管理时，则是内部相对人。

当然，并不是所有的保密行政相对人都具有相对性。一般而言，具有执法权的执法人员、执法机关或其他组织都具有双重身份，当它作为保密行政执法相对人时，具有相对性。而对于其他一般的公民、法人或者组织则只能是保密行政相对人，不能成为执法主体。因此，一般将前者称为特别相对人，后者称为一般相对人。保密行政执法的特别相对人，多为内部相对人，且为涉密机关、单位或个人；而一般相对人，多为外部相对人，且为非涉密的公民、法人或其他组织。当然，这也不是绝对的，有时涉密人员或单位也可能成为外部相对人，如保密工作部门在对管辖区域内的非本部门的涉密单位、个人进行检查时，该涉密单位、个人即为外部相对人。

二、保密行政执法对象的范围

在我国，可以成为保密行政相对人的组织和个人包括国家组织、社会组织和公民个人。

（一）国家组织

国家组织是国家机关和国家机构的合称。国家机关既包括国家行政机关，也包括国家权力机关、司法机关、军事机关等其他国家机关。国家机构特指这些国家机关内设的各种内部组织。它们在一定条件下均可以构成保密行政相对人。根据我国《宪法》和《保密法》的规定，一切国家机关都有保守国家秘密的义务。而且大量的国家秘密也是在国家机关的活动中形成的。可以说，一切国家机关都担负着保守国家秘密的工作任务。而他们的保密工作同样要接受保密行政执法主体的管理，在这种情况下，他们就成为保密行政执法的对象或保密行政相对人。大致说来国家组织成为保密行政相对人有两种情况：

第一，成为保密工作部门的外部相对人。根据《保密法》的规定，县级以上地方各级保密工作部门在其职权范围内，主管本行政区域保守国家秘密的工作。也就是说，凡是在该行政区域内的国家机关，其保密工作由该地区的同级保密工作部门管理。

第二，成为上级保密行政执法机关的内部相对人。这主要是指属于保密行政执法机关的国家组织可以成为其上级保密行政执法机关的内部相对人。保密行政执法机关作为国家组织，是我国保密行政执法主体的主要承担者，但这一特点和身份并不妨碍他们在一定条件下成为相对人。一个保密行政执法机关，只要有上级领导或主管部门，他就能成为被管理的相对一方当事人。无论是专管性保密行政执法机关即各级保密工作部门，还是兼管性保密行政执法机关，其地方各级执法机关都可以成为内部相对人，因为它们都有上级领导机关或主管机关。不仅本系统的保密工作而且本机关的执法工作本身都要受上级领导机关或主管机关的管理。

（二）社会组织

这里所说的社会组织仅指国家组织以外的其它社会组织，包括企业单位和社会团体等。

企业单位，是直接从事生产、运输以及其他服务业活动，并实行独立经济核算的经济组织。事业单位，是为实现创造和改善生产条件、促进社会福利、满足人民文化生活需要等事业性目的，其经费实行预算拨款而设置的组织。社会团体，是社会成员本着自愿的原则，依团体章程而设置的集合体。可见，这三类社会组织都不具备国家管理职能，不属于国家组织，因而一般不能成为行政主体，除非得到行政法规范的授权而成为授权性行政主体，或得到行政主体的委托而成为受委托的组织。但它们的活动都要接受国家组织的管理和监督，而成为相对人。

作为社会组织的企业事业单位和社会团体，在一定条件下同样可以成为保密行政相对人。根据《保密法》的规定，一切社会团体、企业事业单位都有保守国家秘密的义务。同时，凡是涉及国家秘密的社会团体、企业事业单位都担负着保守国家秘密的工作任务。当他们不履行或不很好履行其保守国家秘密的义务时要接受有关保密行政执法主体的处理，当他们在进行保密工作时要接受有关保密行政执法主体的管理，当保密行政执法主体在进行有关的保密行政执法时有权要求它们予以协助等。在这些情况下，它们都能成为保密行政执法的对象，即保密行政相对人。而且这些社会组织原则上只能成为保密行政相对人，不能是保密行政执法主体，除非在某些特殊情况下，如通过法定授权，个别社会组织才可能成为保密行政执法主体。

作为保密行政相对人的社会组织，一般也只能成为保密行政执法主体的外部相对人，即与保密行政执法主体并无隶属关系。这里应当注意的是，由于目前立法还不完善，作为外部相对人的社会组织的具体范围并不十分明确，因此在保密行政执法过程中，尤其要注意作为重点执法对象的社会组织。目前，从事下列行业的社会组织应作为保密行政执法对象的重点：

第一，印刷、复印行业。过去，复制国家秘密载体，通常是在机关、单位内部的打印室、文印室或内部印刷厂进行，制作过程较为简单，制作环境较好，人员也易于管理。进入新的历史时期以后，随着改革开放的不断深入和经济建设的发展，各方面的信息量不断增加，信息流量也随之增大和加快。在这种情况下，从事营业性的印刷、复印行业迅速发展，营业范围不断扩大。有的已开始在党政机关、涉密要害部门承揽印刷、复制国家秘密载体的业务。有的机关、单位或个人为图方便，擅自将秘密载体交由社会印刷、复印行业和个体工商户制作，给国家秘密的安全带来极大威胁。为了确保国家秘密的安全，必须加强对国家秘密载体复制活动的管理。

第二，废旧回收行业。由于有些涉密的机关、单位将一些秘密文件、资料作为废品出售，因而从事废旧回收行业的组织或个体回收的废旧物品中有的可能属于国家秘密载体。这些国家秘密载体有可能得不到及时销毁而被他人所利用，从而导致泄密，因此应加强对废旧回收行业的管理。

第三，信息咨询服务行业。随着社会主义市场经济体制的逐步建立和对外经济、科技交往日益扩大，各行各业越来越重视信息资源的开发和利用。目前，信息咨询服务业务发展很快。但是，信息咨询服务行业的保密管理比较薄弱，使得这方面的泄密问题不断发生。有的信息机构特别是民办和外资、合资信息机构不了解有关保密规定，不清楚密与非密的界限，或者只追求经济效益，追求信息的广泛性和高质量的信息服务，自觉和不自觉地收集涉及国家秘密的信息并不分对象地对外提供。由于秘密信息往往价值较高，有的为了追求高额利润有意收集和出卖秘密信息，造成泄密。有的在参与涉密工作时，了解涉密信息而又不履行保密义务，随意把涉密信息提供给别人，造成泄密。有的受境外机构、组织或他人委托私自收集信息，包括秘密信息，非法对外提供，造成泄密。还有一些离退休人员参与或从事信息咨询服务业务活动，提供收集秘密信息对外提供或出卖，造成泄密。因此，当前应将信息咨询服务行业作为重点的保密行政执法对象。

第四，新闻宣传和出版行业。当前，新闻出版业的发展也很快，基本上形成了包括图书、报纸、期刊、音响制品和电子出版物等门类齐全，编辑、出版、印刷、发行、外贸、科研、教育、行政管理各个环节相配套的出版产业体系。随着新闻出版事业的发展，新闻出版方面的保密问题也日益突出，泄密事件也日益增多。有的新闻单位一味追求新闻效益，越是秘密的事项越是抢先报道，造成泄密。有的机关和企事业单位为了宣传自己，往往不分内外，把本不应该对外宣传的情况和盘托出，造成泄密。有的把新闻自由、增加透明度绝对化，一味地强调公开化而不注意保密，造成泄密。有的新闻、出版部门的编审人员保密知识缺乏，不能区分密与非密的界限或不了解保密范围，不知道那些事项可以报道，可以出版，那些事项不能报道，不能出版，造成泄密。有的机关、单位在向新闻出版部门提供新闻稿件或书稿时，在接受新闻采访时，没有区分密与非密的界限，新闻机关不了解情况，如实报道或出版，造成泄密。新闻出版泄密影响范围广且难以补救，往往造成的损害较大，因此，也应作为保密行政执法对象的重点。

（三）公民个人

根据我国《宪法》第33条第1款的规定，法律上所称的公民特指具有中华人民共和国国籍的人；国籍是认定公民资格的唯一标准。我国《宪法》和《保密法》都明确规定了保守国家秘密是公民的义务。其他保密行政法规范也规定了公民的有关保密义务。这就决定了公民可以成为保密行政执法的对象，即保密行政相对人，而且只能成为保密行政相对人，不能成为保密行政执法主体。作为被国家任用为保密行政执法人员的公民具有双重身分，在执行公务时，他是以保密行政执法人员的身份出现的；当他以个人名义从事个人活动时，则以公民的身份出现，享有公民的权利，并承担公民的义务。当他以执法人员的身份出现时，是其所在执法机关的内部相对人；当一公民身份出现时，是所有保密行政执法机关的外部相对人。

三、保密行政执法对象的法律地位

保密行政执法对象即保密行政相对人的法律地位，体现在他与保密行政执法主体之间的法律关系中，即相对于保密行政执法主体而言，他所享有的权利和承担的义务。不同的保密行政相对人，其权利义务并非完全相同。如内部相对人与外部相对人，作为保密行政相对人的涉密组织、个人与非涉密的组织、个人，我国组织、个人与外国组织、个人之间的权利义务都不是完全一致的。这里仅指的是一般情况下，保密行政相对人的权利和义务；而且这些权利义务也并非其所有的权利义务，仅指作为保密行政相对人所应享有的权利和承担的义务。

（一）保密行政相对人的权利

根据有关行政法规范的规定，保密行政相对人有下列相关权利：

1. 参与权。这是指保密行政相对人可以通过合法途径参与保密行政执法工作。它主要包括以下三个方面的参与权：第一，直接参与执法队伍的权利。即符合法定条件的公民可以通过合法途径直接加入保密行政执法人员的行列，从而以保密行政执法人员的身份从事保密行政执法工作。而有关机关必须依法提供正当、平等的机会，公平录用保密行政执法人员。第二，对保密行政执法机关及其执法人员的执法活动加以监督的权利。

这包括对保密行政执法机关及其执法人员的执法活动提出批评、建议和意见等的权利。尤其是涉密人员直接参与或直接从事涉及国家秘密的具体工作，对保密管理各个环节上的缺陷及问题比较清楚，保障他们提出批评建议的权利，对于改进包括保密行政执法工作在内的整个保密工作，加强保密监督管理都是具有重大意义的。同时，当某些保密行政执法人员不了解有关保密规定，或利用职权违反保密规定，或强迫他人违反保密规定时，有关涉密人员应当坚持原则，充分行使其批评、制止他人违法违纪行为的权利。有关保密行政执法人员对于这些批评、建议及制止措施，应认真对待，绝对不能置之不理。第三，协助某些执法活动的权利。保密行政相对人一旦发现他人有违反保密规定的行为，有权及时向保密行政执法机关报告或直接予以制止，以保守国家秘密，维护国家安全和利益。

2. 受益权。这是指保密行政相对人可以依法从保密行政执法机关或通过保密行政执法机关的执法活动中获得某种利益，如请求行政奖励权，申请保密行政许可权等。

3. 保护权。这包括两个方面的权利，一方面是对于本身所产生的国家秘密有要求保密行政执法机关依法予以保护的权利；另一方面是当自己的合法权益受到保密行政执法机关的侵犯时，有权向有关部门提出申诉和控告，包括申请复议和提起行政诉讼，而有关部门应当受理其申诉和控告，并对其合法权益予以保护。

（二）保密行政相对人的义务

根据有关行政法规范的规定，保密行政相对人大致具有下列相关义务：

1. 守法义务。这是指保密行政相对人对于《宪法》和《保密法》等法律规范及其他保密制度为其设定的义务应该予以严格遵守的义务。《保密法》第三条明确规定："一切国家机关、武装力量、政党、社会团体、企业事业单位都有保守国家秘密的义务。"这是从总体上为保密行政相对人规定的法定保密义务。在其他保密法律、法规、规章和保密制度中还规定了一系列具体的保密义务，这些都是保密行政相对人应当予以遵守的。尤其是对于领导干部涉密人员，更应予以严格遵守。

2. 服从义务。保密行政执法主体实施保密行政执法行为时，保密行政执法相对人有义务服从，包括保密行政执法所设定的义务，应当履行。即使认为保密行政执法行为违法或者不当，可以提出申诉或控告，但在该执法行为未被撤销或者变更之前，仍然有服从的义务，包括履行的义务。

3. 协助义务。协助既是一项权利也是一项义务。保密行政执法主体在从事保密行政执法时有权取得社会协助，有关保密相对人有协助做好保密行政执法的义务。

第四章　保密行政执法行为

行政执法的运作必须客观地表现为一种行为的存在，而且这种行为必须合法有效成立。这是行政执法的第二个环节，也是其中心环节。研究保密行政执法行为的涵义、效力及其合法有效成立的条件和执法程序，以及作为保密行政执法行为主要表现形式的行政检查、行政处理、行政制裁和行政强制等行为，尤其显得重要。

第一节　保密行政执法行为概述

一、保密行政执法行为的概念

保密行政执法行为，是指保密行政执法主体行使执法权力而在客观上表现出来的各种行为方式、方法等的总称。它有以下三层涵义：

（一）行使执法权力

保密行政执法的运作是一种执法权力的行使，具体地表现为一种执法行为的存在。换言之，只有保密执法主体行使执法权力时才能客观地表现为一种执法行为的存在。没有执法权力的行使就没有执法行为的存在，从而也就不会有保密行政执法的整个运作过程。可见，行政执法行为是行政执法整个运作过程中的核心环节。正因如此，常常把行政执法行为与行政执法本身相等同。如果说行政执法主体是实施行政执法活动的主体，那么也可以说，行政执法行为就是执法主体实施行政执法的活动。两者都是行政执法构成不可缺少的因素。行政执法行为行使执法权力的行为，这表明行政执法行为能够对特定相对人的权利义务产生确定性的影响。

（二）行为的方式、方法

执法权力的行使必然以各种方式、方法表现出来，这些方式、方法正是保密行政执法行为的客观外在形态。这些方式、方法经过学理上的定型和模式化而称为行政检查、行政许可、行政奖励、行政处罚、行政处分、行政强制等等。

（三）行为的总称

所谓总称，是指行政执法行为是对上述各种方式、方法的一种理论概括，目的是为了抽象出上述方式、方法的共同特征，统一加以规范。因此，行政执法行为本身并不是某一个实在的行使执法权力的行为，它只是一系列实实在在的行政执法权力的行为同属于某类行政行为的总称。

二、保密行政执法行为的效力

保密行政执法行为的效力即保密行政执法行为所发生的法

律效果，表现为一种特定的法律约束力和强制力。保密行政执法行为只有发生预期的法律效果才能达到其应有的目的，并在实际生活中发挥其应有的作用。从某种意义上说，我们研究保密行政执法行为的目的就在于确认其行为的效力，并以此为保密行政执法主体提供行为准则，使保密行政执法行为在实际生活中发挥真正有效的作用。

（一）保密行政执法行为的效力内容

保密行政执法行为在内容上具有公定力、确定力、拘束力和执行力四种效力，它们既相互独立又相互依存，其中的每一种效力都是后列效力的前提，也是前列效力的目的，共同组成了保密行政执法行为效力的完整内容。

1. 公定力。公定力是指保密行政执法行为一经作出，即具有被推定为合法有效的法律效力。首先，它对相对人具有被推定为合法有效的法律效力，相对人对此必须予以服从。即使相对人认为该行为是违法的或者不正当的，也不能以此否认其效力或者加以抵制，而只能在事后通过申请行政复议或者提起行政诉讼等途径予以救济。其次，公定力还是一种对任何人都具有被推定为合法有效的法律效力，任何人对此都必须予以尊重。不仅保密行政执法主体和相对人双方应予尊重，而且其他行政主体、国家机关、社会组织和个人都具有对此予以尊重的义务，因而它是一种被“公认”的效力，是社会对保密行政执法行为的尊重和信任。再次，它又是一种被推定为合法有效的法律效力，是法律对保密行政执法行为合法性的一种推定。因此，它并不意味着保密行政执法行为绝对有效，不可否认。但是，这必须经过国家有权机关依职权和法定程序来审查认定，在没有被国家有权机关宣布为违法或无效之前，即使它是不符合法定条件的，也仍然是有效的，仍然对相对人和其他任何人都具有法律约束力，相对人必须对其予以服从，任何人也都必须对其予以尊重。

2. 确定力。确定力又称不可改变力，是指保密行政执法行为一经作出，就具有不受任意改变的法律效力。这是公定力引申出来的一个重要法律效力。既然具有公定力，即一经作出就被推定为合法有效的，因此非由国家有权机关经法定程序，就不得随意改变该行为。确定力又包括形式确定力和实质确定力两个方面。前者是对相对人而言的不可改变力，即相对人不得任意请求变更、撤销或废止受拘束的保密行政执法行为，又称“不可争力”；后者则是对保密行政执法主体而言的不可改变力，即保密行政执法主体也不得任意变更、撤销或废止所作的保密行政执法行为，又称“自缚力”或“一事不再理”。当然，确定力是相对的，而不是绝对的。就形式确定力而言，法律允许相对人在法定期限内请求有权机关予以审查，经审查来确认保密行政执法行为是否合法有效，不合法的可以予以改变，合法的就予以维持。但对于确认为合法的保密行政执法行为，则具有最终确定力，相对人不得再提出任何争议。就实质确定力而言，也不是绝对的，如果行为确实违法或已不符合新的需要，保密行政执法主体就应按法定程序予以改变。

3. 拘束力。拘束力是指保密行政执法行为一经作出，就具有约束和限制保密行政执法主体和相对人行为的法律效力。它既表现为对相对人的拘束力，即相对人的行为应符合保密行政执法行为的规定而不得予以违反；也表现为对保密行政执法主体行为的拘束力，即保密行政执法主体本身对自己作出的执法行为应予以严格遵循而不得超越于该行为之外，违反其行为的规定。

4. 执行力。执行力是指保密行政执法行为一经作出，就具有使其内容得以完全实现的法律效力。它主要表现为权利主体有权要求义务主体履行义务的法律效力，包括自行执行力即要求义务主体自行履行所负义务的法律效力，包括强制实现力即强制义务主体履行所负义务的法律效力。

（二）保密行政执法行为的效力要件

保密行政执法行为的效力要件，又称有效要件，是指保密行政执法行为要合法有效成立所必须具备的条件。基于前述公定力原理，保密行政执法行为一经作出就被推定为合法有效的，但这只是一种推定，并非实质上确实合法有效的。保密行政执法行为要想获得实质上的效力，真正稳定地产生法律效果，就必须符合一定的有效要件，否则，即使事实上已取得了法律效力，终究也要被有权机关依照法定程序予以撤销或变更，从而终止其效力。这种使保密行政执法行为真正获得实质上的法律效力的要件即保密行政执法行为的效力要件，是衡量保密行政执法行为是否合法有效成立的条件和标准。一般情况下，保密行政执法行为的合法有效成立需要同时具备以下五个要件：

1. 主体要件。主体要件又称资格要件，是指作出保密行政执法行为的主体必须具有保密行政执法主体资格。不具备保密行政执法主体资格的组织所作出保密行政执法的行为不是合法有效的保密行政执法行为。如前所述，具有保密行政执法主体资格的组织包括保密行政执法机关和保密行政法规范授权的组织。另外，保密行政执法机关委托的组织也可以以委托的保密行政执法机关的名义实施保密行政执法行为。除此之外的其他任何组织都没有资格实施保密行政执法行为。同时，代表保密行政执法主体实施保密行政执法行为的人员也必须是取得合法执法人员身份的人员，不具备合法身份的人员不能代表保密行政执法主体实施保密行政执法行为，其所实施的保密行政执法行为也是非法的。

2. 职权要件。职权要件是指保密行政执法主体必须在自己职权范围内实施保密行政执法行为。执法主体虽有执法主体资格，但超越执法权限的，包括纵向越权、横向越权和超越法定范围和法定幅度，都会导致相应的执法行为的无效。

3. 内容要件。内容要件是指保密行政执法行为的内容必须合法、适当、真实、明确。具体而言：(1) 内容要合法。即保密行政执法行为的作出必须具有法定的依据，且严格符合有关保密行政法规范的规定。(2) 内容要适当。即保密行政执法行为的作出必须公正、合理，符合实际，不能畸轻畸重，尤其是自由裁量权的行使不能显失公正。(3) 内容要真实。即保密行政执法行为必须基于保密行政执法主体的真实意思表示，亦即保密行政执法主体的外在表示行为要与其内在意志相一致，符合保密行政执法主体实施保密行政执法行为的本意。意思表示不真实的执法行为，如保密行政执法主体及其执法人员在受欺诈、胁迫等情况下采取的行为，或保密行政执法人员在受贿赂、精神错乱等情况下作出的行为都是无效的。(4) 内容要明确。即保密行政执法行为所表达的内容要清楚具体、充分确定，不致产生模棱两可，使相对人无所适从。内容不确定或不明确的保密行政执法行为，实际上只能是无法执行的行为，因而也就不能有效成立。

4. 程序要件。程序要件是指保密行政执法行为的作出必须符合法定的程序。所谓程序，是指保密行政执法行为实施时所要经过的过程和步骤，它是保证行为合法有效成立的必要条件。违反法定程序，即使内容合法、正确，同样构成保密行政执法行为无效。

5. 形式要件。形式要件是指保密行政执法行为的作出必须具备法定的形式。尤其是对于要式的执法行为，保密行政执法主体应按相应的法定形式实施，否则也不能有效成立。

（三）保密行政执法行为的效力时间

保密行政执法行为的效力时间是指保密行政执法行为在什么样的时间范围内，即从什么时间开始到什么时间为止具有法律效力的问题。保密行政执法行为仅仅在一定的时间内具有法律效力，因此，研究保密行政执法行为生效和失效的时间，也是十分重要的。

1. 生效时间。一般说来，保密行政执法行为一经作出就具有法律效力，所以保密行政执法行为的作出之时就是其生效之时。但是，保密行政执法行为的作出并不意味着相对人立即知晓，也就是说，保密行政执法行为的作出和相对人的知晓之间存在着时间上的间隔。因此，保密行政执法行为的开始，因保密行政执法主体本身和相对人的不同而有所不同。对于保密行政执法主体来说，保密行政执法行为的作出与其效力的开始应当是一致的，保密行政执法行为一旦作出就立即生效。而对相对人而言，保密行政执法行为并非作出就生效，只有在该行为为相对人知晓时才能开始生效。因而，保密行政执法行为的生效时间依相对人知晓的时间不同而有所不同，具体包括：

(1) 即时生效，指保密行政执法行为一经作出即具有法律效力，对相对人即生效。即时生效的保密行政执法行为通常是保密行政执法主体当场作出并立即产生法律效力的行为，其适用范围较窄，一般适用于紧急情况，如即时强制行为。

(2) 告知生效，指保密行政执法行为必须告知相对人后才能生效。也就是说，保密行政执法主体将保密行政执法行为告知相对人之时即为生效之时。比较简单的行为可用口头形式告知相对人；有的则要以书面形式告知相对人，如公告的形式。

(3) 受领生效，指保密行政执法行为须经相对人受领后才能生效。这一般采用送达的方式，包括直接送达、留置送达、转交送达、邮寄送达、委托送达等。一经送达即视为相对人受领，保密行政执法行为就发生法律效力。

(4) 附款生效，指保密行政执法行为的生效被附有某种条件或一定期限，当该种条件达到后或期限到达之时，该执法行为才能生效。

2. 失效时间。已经发生法律效力的保密行政执法行为，因某种情况的发生也会丧失法律效力，且因不同情况的发生，其失效时间也是不同的。保密行政执法行为主要因下列情况而失效：

(1) 撤销，指已生效的保密行政执法行为，因其存在违法事由而由有权机关依法消灭其法律效力。这里的有权机关，必须是作出相关保密行政执法行为的执法主体，或者其上级执法机关，或者是行政复议机关，或者是人民法院。有权机关必须遵循法定程序作出撤销决定。撤销的理由，必须是保密行政执法行为不符合前述有效要件，构成违法或无效。被撤销的保密行政执法行为，视为自始不具有法律效力。也就是说，被撤销的保密行政执法行为不仅仅从撤销之日起丧失法律效力，而且视为从成立之日起就不具有法律效力。如果保密行政执法行为在被撤销之前已发生了法律效力、产生了法律效果的，则对这种法律效果应依法予以处理，使相关的权利义务恢复到该保密行政执法行为之前的状态。不能恢复的，也应给予必要的补救，如行政赔偿等。

(2) 废止，指已生效且合法成立的保密行政执法行为，因其不适应新的情况而由有权机关依法消灭其法律效力。引起废止的原因，一般是作出保密行政执法行为后，情况发生了变化，已经没有必要让该执法行为继续发生法律效力。被废止的保密行政执法行为本身在废止前并无违法或者不当，因此该行为是自废止之日起不再生效，而废止前的行为后果依然有效。废止与撤销的区别在于，两者产生的原因不同，即前者是发生了情况变化，后者是不符合有效要件即违法；而且两者的处理也不同，被废止的保密行政执法行为仅限于往后失去效力，而被撤销的保密行政执法行为则自始至终不产生法律效力。

(3) 变更，指对已生效的保密行政执法行为的部分内容加以改变，从而使其部分内容失去效力，而并非将全部行为撤销或者废止。引起变更的原因是保密行政执法行为的部分内容或者违法，或者不适应新的情况。其失效的时间因变更的原因不同而不同。因部分内容违法而被变更的保密行政执法行为，该被变更部分内容自始无效；因部分内容不适应新的情况而被变更的保密行政执法行为，该被变更的部分内容自变更之日起无效。

(4) 终止，也称自动失效，是指保密行政执法行为因某种客观情况的出现自然失去其法律效力。终止的原因涉及：有期限的保密行政执法行为已经到期、保密行政执法行为已经执行完毕、保密行政执法行为执行的条件已经不复存在、与保密行政执法行为相关的对象已经死亡或者消失等等。保密行政执法行为因此而自然消灭的，自消灭之日起丧失法律效力。

三、保密行政执法行为的种类

根据不同的划分标准，保密行政执法行为可以分为不同的种类。从不同的侧面或者不同的角度去分析和观察保密行政执法行为，有利于更加深入地理解、把握保密行政执法行为。

(一) 羁束行为和自由裁量行为

这是按照保密行政执法行为受法律规范拘束的程度不同进行的分类。羁束行为，是指保密行政执法机关只能严格按照保密行政法规范的明确、具体的规定实施而没有选择余地的行为。如果不按照法律规范的规定严格实施，则构成违法。自由裁量行为，是指保密行政执法机关在法律规范所规定的范围、幅度或方式内，根据具体情况和客观实际需要，按自己的意志自主作出认为恰当的行为。如《国家安全法》第28条规定，故意或者过失泄露有关国家安全工作的国家秘密的，由国家安全机关处十五日以下拘留。也就是说，国家安全机关对违法行为人可在一日以上十五日以下拘留的处罚幅度内自由裁量作出具体拘留处罚决定。如果在自由裁量的范围内处罚偏重、偏轻或者畸重、畸轻，则属于不当或者严重不当的行为，而非违法行为。当然，如果超过法定幅度的则仍属违法行为，如上述国家安全机关对违法行为人给予十五日以上的拘留或其他形式的处罚，都属于违法，而不属于不当的行为。无论违法或不当的行为都属于无效的行为，但对于违法的行为适用撤销来消灭其效力。而不当的行为则适用变更来消灭其效力。

（二）依职权行为和应申请行为

这是按照引起保密行政执法行为的原因不同进行的分类。依职权行为，又称主动行为，是指保密行政执法机关基于自身的法定职权而主动作出的执法行为。如行政处罚、行政强制等行为都是由保密行政执法机关依法主动实施的执法行为。应申请行为，又称被动行为，是指保密行政执法机关只有在相对人提出申请后才能实施而并不能主动采取的执法行为。如行政许可行为，是以相对人提出许可申请为前提的，未申请则不能主动实施该行为。依职权行为和应申请行为应当遵循不同的行为规则，对于依职权行为，只要某种法定的事实发生，保密行政执法机关便可主动为之，且必须为之，如果法定事实发生而不为，则构成失职行为。对于应申请行为，则须以相对人的申请为前提条件，不能主动为之，但相对人一旦提出申请，保密行政执法机关负有作为的义务，即对相对人的申请，必须给予一定的答复，无论是拒绝或批准，均不得无故拖延或不予答复，否则也构成一种违法的不作为。

（三）要式行为和非要式行为

这是按照保密行政执法行为的形式不同进行的分类。要式行为，是指必须具备法定形式才能合法有效成立的保密行政执法行为。如保密行政执法机关对违法行为人实施的行政处罚，必须出具书面形式的处罚决定书；行政许可应有许可证这种法定形式等，非要式行为，则是指不必具备特定形式即能合法有效成立的保密行政执法行为。这一般适用于紧急情况下采取的执法行为。大多数执法行为都属于要式行为，必须具有法定的形式方能生效。

（四）行政检查、行政处理和行政强制

这是按照保密行政执法行为的实施方式和功能的不同进行的分类。行政检查，是指保密行政执法机关对相对人遵守保密行政法规范和履行保密行政处理决定的情况进行检查了解的行为。行政处理，是指保密行政执法机关单方面对相对人的权利义务作出处理的行为，它具体包括行政许可、行政制裁、行政奖励等。行政强制，是指保密行政执法机关采用强制手段迫使相对人履行义务的行为。这种分类符合执法的一般逻辑顺序。行政检查是执法的前提和基础，经过行政检查，可以了解相对人守法执法的情况，在检查和了解之后，对模范守法执法的相对人给予奖励，对违法者则给予制裁，即作出相应的处理决定行为。如果相对人不履行这种处理决定，则进一步可以采取强制行为，从而完成整个执法的任务，实现执法的目的。当然，行政执法也不都是按上述顺序进行的，有时它们应交叉进行。譬如，对行政处理决定的履行情况也要进行监督检查，行政处理决定也不仅限于依职权作出的奖励、制裁等行为，还包括应申请作出的许可、批准、鉴定等行为，后者是无须检查行为在先的，但对其履行情况又需要事后实施检查行为。总之，行政检查、行政处理和行政强制是三种相互联系又可独立存在的行为。

四、保密行政执法程序

程序，即操作过程。研究程序的目的就在于为人们的行为提供一套可供遵循的操作过程。但行政程序作为一种法定程序，不仅为行政主体实施行政行为提供了一套操作过程，同时还为行政主体实施行政行为提供了一种法定的程序规则，程序规则经国家认可之后即上升为一种程序法规范。行政主体实施行政行为不仅要遵循实体法规范的规定，同时还要遵循程序法规范的规定，否则，同样要承担一定的法律责任。我们研究保密行政执法程序的目的也在于此，一是为保密行政执法机关提供一套可供操作的规程，以提高执法效率；二是为保密行政执法机关实施保密行政执法行为提供一种法定的程序规则，以保证执法行为的合法性。

（一）保密行政执法程序的概念

保密行政执法程序，是指保密行政执法机关及其执法人员在实施保密行政执法行为的过程中，依法所必须遵循的方式和步骤。它具有如下特点：

1. 保密行政执法程序是保密行政执法行为的程序。保密行政执法程序总是相对于保密行政执法行为而言的，离开保密行政执法行为就没有保密行政执法程序。一方面，它与保密行政执法行为不可分离，另一方面，它只能是保密行政执法行为的程序，而不是其它行为的程序。

2. 保密行政执法程序是作为过程的保密行政执法行为。保密行政执法程序与保密行政执法行为紧密相联，但不能完全等同。任何保密行政执法行为都是两个方面的统一，一方面是其实体内容即执法权力，另一方面是其程序形式。保密行政执法程序正是保密行政执法行为的程序形式，即行为的操作过程。同时，它也只能发生在保密行政执法机关及其执法人员实施保密行政执法行为的过程之中，是一个动态的过程，如果保密行政执法行为已经完成，就不存在程序问题。

3. 保密行政执法程序是一种法定程序。保密行政执法程序并非可有可无的，它是保密行政执法机关及其执法人员在实施保密行政执法行为过程中所必须遵循的法定程序，由行政法规范根据客观规律预先设置。如果保密行政执法机关及其执法人员违反这种程序而实施的保密行政执法行为就是无效的，并要承担由此而产生的法律责任。因此，保密行政执法程序直接关系到保密行政执法行为的合法性和有效性。

4. 保密行政执法程序是由行为的方式和步骤构成的。所谓方式，是行为过程的空间表现形式，即构成行为过程的一个方法和形式，如作出一个行政决定，需要进行调查、听取当事人陈述、把决定告知当事人，说明理由等。这些活动就是行为过程中的一个个方式。整个行为过程就是由一个接一个的方式联结而成的。所谓步骤，是行为过程的时间表现形式，包括行为方式的先后顺序，以及每种方式的时间限制。行为的各个方式按照一定的步骤串联起来，就形成了行为的全过程，也就构成了整个保密行政执法程序。

（二）保密行政执法程序的基本原则

保密行政执法机关及其执法人员在实施保密行政执法行为过程中，应遵循的基本原则主要有：

1. 公正原则。公正原则要求保密行政执法机关在实施保密行政执法行为的过程中，必须在程序上平等对待各方当事人，排除各种可能造成不平等或者偏见的因素。程序公正是实现实体公正的保证，它不仅有助于实体公正的实现，而且可以使相对人确信保密行政执法行为是公正的，从而自觉履行保密行政执法行为所设定的义务，从而增强保密行政执法行为的可接受性。这种确信不仅仅是靠执法机关或执法人员的口头陈述，而是由一系列具体的程序规则来体现的。这些程序包括调查程序、回避程序、合仪程序等。

2. 公开原则。公开原则要求保密行政执法机关通过一定方式和途径让相对人了解有关执法的情况。由于保密行政执法一般要涉及国家秘密，因而不宜对社会公开，但对相对人应予公开，以提高相对人对保密行政执法行为的信任度，也有利于监督保密行政执法。公开原则也有一系列程序规则保证其具体落实，包括表明身份程序、告知程序、说明理由等。

3. 参与原则。参与原则要求保密行政执法机关在保密行政执法过程中应给相对人有发表意见的机会，并充分重视其意见。如果说公开原则是实现相对人对保密行政执法行为行使“知”的权利的话，那么参与原则则是让相对人实现“为”的权利。参与原则主要体现在听证程序上。听证的实质就是听取相对人的意见。

4. 效率原则。追求效率是行政的本质特性。效率原则就是要求保密行政执法机关实施保密行政执法行为应有时间上的限制，以及在程序上尽量简便易行，以提高行政效率。效率原则主要通过时效、简易程序等来实现。

（三）保密行政执法程序的基本内容

保密行政执法程序是由一系列的方式和步骤所构成。这些方式和步骤及实现这些方式和步骤的规则就是保密行政执法行为的内容。不同的保密行政执法行为所遵循的程序内容是不同的。譬如，保密行政检查、保密行政处理和保密行政强制这三种保密行政执法行为所遵循的具体程序内容并非完全一致，对此在后面将作具体分析。在这里，仅就各种保密行政执法程序的基本内容作些分析。保密行政执法中常见的程序主要有：

1. 表明身份。即保密行政执法人员在执法时应向相对人出示证件，以证明自己享有从事该执法行为的合法资格和职权。建立表明身份制度，不仅是为了防止假冒、诈骗，还是防止执法人员超越职权、滥用职权的有效措施。从执法程序的时间顺序看，表明身份一般在执法程序之前。《行政处罚法》对表明身份程序做了明确规定。

2. 受理。受理是指保密行政执法机关对相对人提出的某种请求明确地表示接受。它一般适用于依申请的执法行为。如果对相对人的某项请求不予受理，则应通知请求人，并说明不予受理的理由，否则即构成不作为的违法。

3. 立案。即案件的确立，它主要适用于依职权的执法行为。譬如，查处违法案件必须首先予以立案，以便进一步调查取证。立案应当填写立案报告，由有关领导人批准后，指定专门人员办理。

4. 调查。即保密行政执法机关在受理或立案之后，为查明事实而收集证据的过程。保密行政执法行为必须建立在调查取证的基础上，要以客观证据来说明有关事实的真相，防止主观臆断。因此，保密行政执法机关在实施保密行政执法行为时，必须全面、客观、公正地调查、收集有关证据。调查取证的方法包括询问当事人和证人、提取物证和书证，进行现场勘验和鉴定等，必要时可以采取有关强制措施。

5. 听证。听证是指保密行政执法机关在实施保密行政执法行为的过程中，应当充分听取相对人的意见。听证可分为正式听证和非正式听证。《行政处罚法》所规定的听证属于正式听证，具有比较严格的程序规则。非正式听证的规则则相对比较随意，形式因人而异、因事而异，只要达到目的即可。一般的听取当事人意见的都可作为非正式听证。

6. 回避。即同相对人或者与具体执法事务有利害关系的保密行政执法人员不应参与有关的保密行政执法活动，以防止出现偏私。法律上一般允许相对人享有要求执法人员回避的权利。执法人员如因自身的原因可能影响执法行为公正的，自己也应主动申请回避。

7. 告知。这是指保密行政执法机关在实施保密行政执法行为的过程中，应将有关事项告知相对人。它具体包括：(1) 告知权利。即当保密行政执法机关在要求当事人必须承担某种义务时，应告知当事人在程序上享有何种权利。(2) 说明理由。对于有些执法行为，保密行政执法机关不但要把结论告知当事人，而且应当说明作出该行为的事实根据、法律依据或其它理由，相对人对此也可以提出咨询。(3) 送达。即将处理结果告知或交付当事人的程序。送达的方式包括直接送达、邮寄送达、留置送达、公告送达等。

8. 时效。时效是指执法行为经过法定期限而产生的一定法律后果，它是效率原则的具体体现。为了保证执法活动的高效率，执法程序的各个环节应当有时间上的限制，如果超过法定时限，就构成违法，要承担相应的法律后果。如对相对人的请求应在法定时间给予答复，否则就构成违法的不作为，要承担不作为的法律后果。

第二节 保密行政检查

保密行政检查是保密行政执法行为主要的常用类型之一，它几乎贯穿于整个保密行政执法过程中，同时它又是一种独立的保密行政执法行为。因此，应该侧重研究保密行政检查涉及保密行政检查的概念、作用、内容、方式及其程序要求等内容。

一、保密行政检查的概念

（一）保密行政检查的涵义和特征

保密行政检查，又称保密行政监督检查，是指保密行政执法机关依法对相对人遵守保密行政法规范、履行保密义务和执行保密行政决定等情况所进行的能够影响相对人权益的检查了解行为。它具有如下特点：

1. 保密行政检查的主体是保密行政执法机关。严格说，保密行政检查的主体主要是保密行政执法机关，包括专管性保密行政执法机关即各级保密工作部门和兼管性保密行政执法机关即中央和地方国家机关各业务主管部门。此外，保密行政法规范授权的组织和保密行政执法机关委托的组织也可以实施保密行政检查行为。除此之外，其他任何组织或个人，都不具有保密行政检查的主体资格，无权行使保密行政检查权。即使有些涉密单位对本单位的保密工作负有检查的责任，譬如《保密法》第29条公规定：“机关、单位应当对工作人员进行保密教育，定期检查保密工作。”《保密法实施办法》第6条规定：“涉及国家秘密的机关、单位，应当进行经常性的保密教育和检查，”但这里所说的“检查”只是一种法定义务的设定，而非行政检查权的赋予，因此可以认为它们属于一般意义上的保密检查，但不属于保密行政检查。

2. 保密行政检查的对象是保密行政相对人。保密行政相对人是与保密行政执法主体相对应的另一方当事人，包括有关的国家组织、社会组织和公民个人。保密行政检查是对作为相对人的组织和个人遵守保密行政法规范、履行保密义务和执行保密行政决定等情况的一种监督检查。是以作为相对人的组织和个人为检查对象，以相对人遵守保密行政法规范、履行保密义务和执行保密行政决定等情况为内容。它与保密行政执法监督是有区别的。保密行政执法监督是以与相对人相对应的保密行政执法主体为对象，以保密行政执法主体的执法情况为内容。因此两者是有严格区别的，不能混同。

3. 保密行政检查能够影响相对人的权益。保密行政检查作为保密行政执法机关的一种职权行为，具有能够影响相对人权利和义务的法律效果，而且一旦作出，就具有公定力、确定力、拘束力和执行力等强制性的法律效力。因此，保密行政检查是一种强制性的检查与了解行为。它对相对人权利和义务的影响表现为，可能限制其权利的行使或为其设定某些程序性义务，譬如在保密行政检查过程中，相对人必须接受检查、询问，如实提供有关事实材料，暂停正常的工作或其他活动等。当然，保密行政检查也只是影响相对人的权利和义务，而并不直接改变相对人的实体权利和义务，即它并不直接创设、变更或消灭相对人的权利和义务。这使其与行政许可、行政处罚、行政强制等其他能直接改变相对人实体权利义务的执法行为区分开来。

（二）保密行政检查与保密检查、保密行政执法监督的区别

保密行政检查与保密检查、保密行政执法监督都涉及对保密工作的监督和管理问题，但它们之间是有严格区别的，不能将三者相混淆。

1. 保密行政检查与保密检查

通常所称的保密检查，是指保密工作主管部门或者其它机关、单位依据党和国家的保密工作的方针、政策、保密法规的规定，采用一定的形式和手段，对涉密的机关、单位及其工作人员贯彻执行保密法规制度、履行保密义务和责任的情况进行调查了解的活动。保密行政检查与保密检查在检查的目的、内容、对象及形式和手段等方面基本上是相同的，只是在主体和效果上不完全一致。从主体上看，保密行政检查的主体只限于保密行政执法主体，不具有保密行政执法主体资格的组织进行的保密检查不属于保密行政执法检查。而保密检查的主体还包括其它涉密单位。根据《保密法》和《保密法实施办法》的规定，凡是涉及国家秘密的组织，无论其是否具有保密行政执法主体资格，对本组织及其工作人员都要进行保密检查。就检查的效果而言，保密行政检查能够影响检查对象的权利和义务，具有法律效力。而有些保密检查如有关涉密单位的保密检查并不具有法律效力，不能称之为是一种保密行政执法行为。

可见，保密行政检查属于保密检查中的一种，且是其主要

的类型，但并非所有的保密检查都是保密行政检查，因此两者是不能完全相等同的。

2. 保密行政检查与保密行政执法监督

保密行政检查通常又称保密行政监督检查，因此很容易与保密行政执法监督相混同。实际上两者是完全不同的两种监督制度。保密行政执法监督，是指有权的国家机关及其他组织和个人对保密行政执法机关及其执法人员的执法活动实施的监督。保密行政检查与保密行政执法监督有以下几点主要区别：

（1）主体不同。保密行政检查的主体只能是保密行政执法主体，主要是保密行政执法机关。保密行政执法监督的主体则是非常广泛的，既包括国家权力机关的监督、国家司法机关的监督、国家行政机关及保密行政执法机关自身的监督，也包括政党、社会团体、企事业单位、社会舆论、公民个人等的监督。

（2）对象不同。保密行政检查的对象是作为相对人的组织和个人。保密行政执法监督的对象则是作为保密行政执法主体的保密行政执法机关及其执法人员。

（3）内容不同。保密行政检查的内容是相对人遵守保密行政法规范，履行保密义务和执行保密行政决定等的情况。保密行政执法监督的内容则是保密行政执法活动。

（4）性质不同。保密行政检查是保密行政执法机关依照法定职权所实施的一种具有法律效力并能够影响相对人权利和义务的行政执法行为。保密行政执法监督则具有一定的广泛性和社会性，有的具有法律意义，如国家机关的监督；有的具有较强的政治意义，如政党组织所实施的监督行为；还有的不具有严格的法律意义，如各种社会组织和个人所实施的监督行为。

二、保密行政检查的作用

保密行政检查的作用及其意义主要体现在两个方面：

（一）保密行政检查是保密行政执法的重要环节

保密行政检查作为保密行政执法的主要形式之一，贯穿于整个保密行政执法过程中，是保密行政执法的重要环节。首先，保密行政检查是相对人遵守和执行保密行政法规范的重要保证。保密行政法规范制定以后，相对人是否守法包括是否执行保密行政决定、命令等，都需要监督检查来了解、查证。如果缺少这一环节，不严格进行监督检查，实际上就将使保密行政法规范处于无人过问的状态，那么要建立正常有序的保密行政法制秩序也就无从谈起。其次，保密行政检查也是保密行政执法机关作出保密行政处理决定等的前提和基础。保密行政执法机关无论是作出保密行政处理决定还是采取其他保密行政执法措施，一般都要以保密行政检查为前提和和基础。在这里，保密行政检查也就是调查研究，不进行监督检查或不严格监督检查，就无法了解相对人的守法执法的情况，对模范守法执法的相对人无法表扬、鼓励，对违法者也无法惩处，所谓的严格执法同样也就无从谈起。因此，必须十分重视执法中的监督检查工作，这将是改善保密行政执法活动的重要方面。从我们国家大的法制环境来看，随着改革的深入和适应社会主义市场经济的需要，政府职能的转变，对相对人守法情况的行政执法检查的比重明显增强，行政执法检查的组织机构不断健全和充实、行政执法检查的措施和力度逐步强化。在这个大的法制环境之下，同样也必须加强保密行政检查，以使其在保证守法、改善执法及服务于社会主义现代化建设上发挥更大的作用。

（二）保密行政检查是加强保密管理工作的重要途径

从保密工作本身来看，保密行政检查是加强对保密工作的管理，对保密工作实行有效监督的必要途径，它对于各涉密机关、单位深入开展保密工作有着重要的促进、指导和协调作用。具体而言，第一，开展保密行政检查，可以发现先进经验和不足之处，达到鼓励先进、鞭策后进、交流情况、取长补短、共同提高的目的，使各项保密法规制度得以贯彻和落实。第二，可以及时发现泄密隐患，把问题解决在萌芽状态，并可督促有关部门，改进加强防范措施，使保密工作做到万无一失。第三，可以起到对保密工作进行调查研究的作用，从而提高保密工作水平。

三、保密行政检查的内容

保密行政检查的内容从总体上讲主要包括守法检查和执行检查两个方面。守法检查是指对相对人遵守保密行政法规范的检查；执行检查是对相对人执行有关保密行政决定或履行保密义务等的检查。具体而言，保密行政检查的内容主要有以下方面：

（一）保密行政法规范的遵守情况

国家制定的保密行政法规范是保密工作以及一切保守国家秘密活动的行为准则，是使保密工作走上法制化、制度化、规范化的根本保证。国家的《宪法》及其他各项法律文件都对保守国家秘密的问题作了相应规定，与此同时还专门制定颁布了《保密法》及其配套法规、规章。这些都是保密行政法规范的表现形式。它们的各项规定只有在相关的各个方面得以真正贯彻落实，变为人们的行为规范，并得到人们的切实遵守，才有意义，否则将成为一纸空文。因此，检查保密行政法规范的遵守和贯彻落实是保密行政检查的重要内容之一。我国保密行政法规范对保密工作的各个方面各个环节都作了相应的规定，保密行政检查就是要检查各地、各部门、各单位是否严格依法办事，依法开展保密工作。其中主要对下列保密工作是否依法进行检查：

1. 保密制度建设工作。主要是检查有关部门和单位是否严格依照法定程序进行确定密级、变更密级和解密的工作；是否严格按保密法的有关规定来制定各项规章制度等；这些保密制度是否符合本机关、单位的实际性和具有可操作性等。

2. 涉密人员的管理。主要检查有关部门、单位是否严格依法任用涉密人员和对涉密人员进行严格管理，是否严格依法制定保密教育制度，对涉密人员是否进行广泛深入地保密宣传教育，以及是否通过保密宣传教育提高了有关人员对保密行政法规范的理解程度和在从事业务工作中应用的能力等。

3. 秘密载体的管理。主要检查国家秘密文件、资料和其它物品是否依据国家秘密及其密级的具体范围的规定确定密级，依照有关规定标明密级和保密期限；在制作、收发、传送、使用、复制、摘抄、保存和销毁各个环节的管理上是否有严格的手续和保密保障等；检查国家秘密的设备或者产品在研制、生产、进步、使用、保存、维修和销毁等环节是否符合保密要求。

4. 保密技术防范措施。主要是检查涉密的电子设备、通信和办公自动化系统是否符合保密要求，是否制定有严格的管理制度并指定专门机构或人员负责管理，是否采取了必要的符合国家标准的保密技术防范措施。

5. 泄密查处工作。主要检查是否对本机关、单位发生的各类泄密事件按规定及时报告、查处和采取可能采取的补救措施；对发生泄密事件的原因是否认真分析、总结教训，并采取实际措施堵塞了泄密漏洞，加强和改进了保密工作；对应予处理行为人及其责任者是否依纪、依法作出处理等。

6. 保密检查工作。主要检查有关涉密机关、单位是否按照《保密法》的规定开展保密检查工作；其保密检查是否有计划和有落实的措施等。

7. 其他方面。譬如，报刊、书籍、地图、图文资料、声像制品的出版以及广播节目、电视节、电影的制作和播放，是否遵守有关保密规定；在对外交往与合作中需要提供国家秘密事项的，是否严格按照规定的程序事先经过批准；军事禁区和涉及国家秘密不对外开放的其他场所、部位，是否采取了保密措施；具有属于国家秘密内容的会议和其它活动，主办单位是否采取了保密措施等等。

（二）保密义务的履行情况

《保密法》第三条明确规定："一切国家机关、武装力量、政党、社会团体、企事业单位和公民都有保守国家秘密的义务。"这表明所有的相对人都具有法定的保密义务，保守国家秘密也是作为保密相对人的首要义务。既然《保密法》对此作了明确规定，保密行政检查就必须把相对人履行保密义务的情况纳入检查的内容，检查衡量相对人的行为是否符合保密法的规定，是否正确履行保密义务、有无违反保密义务的情况。尤其是对于涉密人员是否切实履行其保密义务应作为检查的重点。这里的涉密人员主要是指在要害部门的重要涉密岗位上工作或承担某一项重要涉密工作、某一项重要涉密任务的人员。涉密人员的工作直接关系到国家秘密的安全，关系到国家的安全和利益，因此它们能否切实履行其保密义务至关重要。也正因如此，对涉密人员履行其保密义务的情况进行检查是保密行政检查的重点。根据《保密法》、《保密法实施办法》及其配套的保密规章的有关规定，涉密人员应履行的保密义务主要有以下方面：

1. 涉密人员在制作密件、密品（即属于国家秘密的文件、资料和其他有关物品和属于国家秘密的设备或产品）时应履行的保密义务。根据有关规定，制作密件、研制和生产密品必须履行审批手续，必须在有保密保障的地方和条件下进行，严禁将密件、密品委托私营企业、外国企业、外资企业和个体企业制作；必须严格按照批准的数量制作，不得多制、私留；必须按照有关规定，拟定密级和保密期限，作出标识，报有关领导人审批；制作过程中形成的中间材料及残次品，如草稿、修改稿、签发稿、清样或半成品、底片、废品等。凡需要保存的必须按照正式密件、密品同样的保密措施予以管理，不需要保存的按密件、密品销毁规定及时销毁。

2. 涉密人员在收发、传递密件、密品时应履行的保密义务。根据有关规定，收发密件、密品都必须履行登记、编号、签收、签发手续；签收时必须逐件清点核对，分发时必须严格按规定的范围分发，不得擅自扩大范围；传递运转密件、密品必须交由专门的部门和人员（如机要通信、机要交通部门），不得通过普通邮政邮寄或交给无关人员捎带；自己传递时必须选择安全的交通线路和安全的交通工具，采取严密的保密措施；向境外邮寄、携运密件、密品时必须通过外交信使传递或按有关出境管理规定办理。

3. 涉密人员在使用密件、密品时应履行的保密义务。根据有关规定，使用密件、密品要严格按规定的使用范围办理，不得擅自扩大使用范围；阅读秘密文件资料必须在办公室或阅文室等有保密保障的地方进行；传阅密件时应有登记手续，不得由阅读人直接传给他人，不得擅自留存传阅的密件；传达密件内容时，不得使用无线话筒等无保密保障的设备；借用密件、密品时，应当持有有效证件，履行借用手续，用毕后及时归还。

4. 涉密人员在复制、摘抄、汇编密件时应履行的保密义务。根据有关规定，复制密件必须经制发机关批准，在本机关、单位内部文印室复制或送交有《国家秘密载体复制许可证》的营业单位复制，并履行登记手续；复制密件或摘录、引用属于国家秘密的内容，不得擅自改变原件的密级和保密期限；汇编国家秘密文件，需要批准权的机关批准。

5. 涉密人员携带密件、密品外出时应履行的保密义务。根据有关规定，确因工作需要随身携带密件、密品外出时，必须采取必要的保密措施，并在外出其间不得办理无关事宜，不得进入商店、娱乐等不利于管理密件的场所；参加外事活动不得携带密件、密品，确需携带的要经本机关单位负责人批准并采取严密的保护措施；不得擅自携带密件、密品出境，因工作需要携带的，应按有关规定办理批准手续并采取严密的保护措施。

6. 涉密人员在保存、销毁密件、密品时应履行的义务。根据有关规定，保存密件、密品必须具备严格的保密条件要求的部位场所和使用专用的设备，严禁个人私自保存密件、密品；销毁密件、密品必须履行登记手续，必须经机关、单位的主管领导人批准，严禁私自销毁密件、密品。

7. 涉密人员在组织、参加涉密会议时应履行的保密义务。根据有关规定，涉密人员不得引带无关人员进入涉密会议场所；参加会议收到的文件资料必须及时交单位保管，销毁批量的密件、密品应送保密工作部门确定的定点销毁单位。

8. 涉密人员在对外提供信息、投寄稿件、著书时应履行的保密义务。根据有关规定，禁止私自对境外、境外的组织、机构、人员提供涉及国家秘密的各种信息和信息载体；向新闻出版部门投寄的稿件，不得介绍引用国家秘密的内容；接受新闻单位采访时，不得介绍涉及国家秘密的内容；著书时不得擅自写进涉及国家秘密的内容。

9. 涉密人员在社会交往中应履行的保密义务。根据有关规定，涉密人员不得在私人交往、私人通信中涉及国家秘密；不准在公共场所内谈论国家秘密；不准向亲友及其他无关人员提供国家秘密，不准在无保密保障的电话中谈论国家秘密；不准引带无关人员进入保密要害部门、部位和军事禁区；严禁以国家秘密进行非法交易。

10. 涉密人员在出境和境外活动期间应履行的保密义务。根据有关规定，涉密人员未经机关、单位及主管部门同意的，不得私自办理出境手续；经批准出境的，不得向境外组织、机构、人员泄露自己的工作性质及知悉的国家秘密事项；随团出境的不得擅自离团与境外人员接触，不得在有境外人员在场时和在境外的住地、公共场所谈论秘密事项。

除以上十个方面的保密义务之外，根据有关规定，涉密人员在其它方面还有一些应履行的保密义务，如拾到密件、密品应当交当地保密工作部门，不得私自处理或持有，发现泄密问题时应当及时举报并尽可能地采取补救措施等。所有这些保密义务的履行情况都应纳入保密行政检查的内容之中。

（三）保密行政决定的执行情况

保密行政决定，又称保密行政处理决定，是保密行政执法机关单方面对相对人的权利义务作出处理决定的行为。如保密行政奖励、保密行政处分、保密行政处罚等。这些行政决定一般是在保密行政检查的基础之上作出，经过检查之后，对模范遵守保密行政规范、严格履行保密义务的相对人作出奖励的决定，对违反保密行政法规范或不履行保密义务的相对人要给予处分或处罚。这些经过检查之后作出的处理决定仍然存在着执行的情况，如果不执行，该处理决定也就毫无意义。那么，要保证已经作出的处理决定得以贯彻落实和执行，同样需要进一步地检查，这也是保密行政检查的重要内容。经这种保密行政检查之后，如果相对人仍不执行保密行政处理决定，则可实施强制执行行为。

四、保密行政检查的方法

保密行政检查的方法，是指保密行政执法机关实施保密行政检查时所采取的形式或手段。保密行政检查并无固定不变的方式方法。具体的方式方法应根据检查内容及其他各种客观因素确定，在不同情况下采取灵活多样的检查方法。因此，从不同的角度，可对保密行政检查的方式方法作不同的分类。

（一）全面检查和专项检查

根据检查所涉及的范围不同，保密行政检查的方法可分为全面检查和专项检查。

全面检查，指保密行政执法机关在自己的管辖范围内对相对人的守法执法等情况实施检查。这种检查的范围通常涉及到所辖区域全部相对人的各个方面的情况。其影响面大，对于推进保密工作的全面发展具有一定的作用。但是这种形式的检查应注意防止走过场。

专项检查，又称专题性检查或局部检查，指保密行政执法机关仅在局部范围内针对某一方面或某一具体保密工作进行的检查。这种检查的内容专一，重点突出。在涉及国家秘密的重大活动中，应不失时机地开展这种形式的检查。

（二）定期检查和临时检查

根据检查时间上的不同特点，保密行政检查的方法可分为定期检查和临时检查。定期检查，指保密行政执法机关相隔一段时间就要进行的有规律性的检查。这种检查对相人会产生稳定的警戒作用，促使其事先作好准备，尽可能把自己的行为纳入合法的轨道。

临时检查，指保密行政执法机关对相对人预先不作通知而无规律地进行的突击性检查。这种检查不为相对人事先所知，无法作准备或者掩饰，因此保密行政执法机关通过检查所获得的情况更具有客观性和真实性。定期检查和临时检查各有不同的功能，各有利弊，保密行政执法机关需要根据不同情况选择不同的检查方式，或者适当地结合使用这两种方式。

（三）现场检查与书面检查

根据检查的方式不同，保密行政检查的方法可分为现场检查与书面检查。现场检查，指保密行政执法机关及其执法人员亲临被检查的场所实地进行检查，又称实地检查。书面检查，指保密行政执法人员根据相对人提供书面材料进行检查。现场检查具有直观、新鲜、真实的特点，而书面检查则具有显示历史的痕迹，客观、固定的特点，两种检查的功能各不相同，往往应交替使用。

（四）主动检查与被动检查

根据检查主体的态度不同，保密行政检查的方法可分为主动检查与被动检查。主动检查，指保密行政执法机关主动地直接到相对人的请求或所在地主动进行检查。被动检查，指保密行政执法机关被动接受相对人提供的材料，所作的检查。被动检查往往建立在相对人自查的基础之上的，即先由相对人自行作出检查，然后向保密行政执法机关报告自查的结果，最后再有保密行政执法机关对自查结果作进一步核实。

（五）事前检查、事中检查与事后检查

根据检查实施的阶段不同，保密行政检查的方法可分为事先检查、事中检查与事后检查。事先检查，指检查的实施是在相对人的某一行为开始之前。其作用在于防患于未然。事中检查，指检查的实施存在于相对人的行为过程中，即行为开始之后、结束之前的整个阶段。事后检查，指在相对人的行为已经结束后对其实施检查。当然，事前、事中和事后检查往往是相对而言的，事中检查常常由数个事前检查和事后检查结合而成。因为一个行为常由几个环节构成，可以分为若干阶段，在不同阶段的检查，即有事前检查，也有事后检查，从整个行为过程看，又是事中检查。

五、保密行政检查的程序

保密行政检查的程序，是指保密行政检查的步骤和方式。保密行政检查的内容不同，其程序并非完全相同。就一般的检查而言，保密行政检查应遵循下列程序：

（一）确立检查事项

确立检查事项，简称立项，即对需要检查的事项予以确立。需要检查的事项从总体上说就是检查相对人遵守保密行政法规范、履行保密义务及执行保密行政决定等的情况。但针对不同的对象在不同的情况下，需要检查事项的内容和重点又有所不同。因此，在检查实施之前，要对检查的具体事项予以立项。以做到有计划、有目的地检查。

（二）制定检查方案

在确立检查事项之后，在检查实施之前，负责实施检查的执法机关还要认真研究制定检查方案。检查方案主要包括检查人员的组成，检查的事项、目的、要求、步骤、方法和措施等内容。

（三）组织实施检查

组织实施检查，即保密行政检查的具体组织实施。在组织实施过程中，除了应严格执行检查方案之外，还应遵循以下法定的程序规则：

1. 表明身份。保密行政执法机关及其执法人员实施保密行政检查，首先应当履行表明身份的义务。即在进行检查时，必须向相对人出示相关的证件，表明自己是有权实施保密行政检查的主体，否则，相对人有权拒绝其检查。

2. 说明理由。保密行政执法机关及其执法人员在表明身份的同时，还应当向被检查者说明检查的原因和根据。说明理由，一方面是为了防止执法机关及其执法人员滥用此种权利；另一方面可以此获得被检查者的理解、支持和协助。如果执法机关及其执法人员未说明理由或者说明的理由不充分，相对人可以拒绝其检查。说明理由可以用口头形式，但比较慎重的做法是用书面形式。

3. 调查取证。调查是指对客观情况进行考察了解，调查可以通过询问、鉴定，查阅文件、材料，实地了解情况等方式进行。调查的目的旨在取得相关的证据。在调查取证时，保密行政执法机关及其工作人员要认真听取当事人的陈述，仔细查看有关文字材料，深入实地了解情况。全面、客观、公正地收集有关证据。

4. 采取措施。根据法律规定，保密行政执法机关及其执法人员在实施保密行政检查时，有可能碰到某些特殊情况，需要及时采取强制措施。如《关于禁止邮寄或非法携运国家秘密文件、资料和其他物品处出境的规定》第10条规定，海关在检查邮寄或携运出境的文件、资料和其他物品时，认为其涉嫌涉及国家秘密的，有权将其扣留。但采取类似强制性措施时必须严格依照法律的规定进行。

（四）作出相应处理

在实施检查之后，根据检查结果的不同，分别作出相应的处理。包括通过一定形式作出检查结论（分为“符合要求”、“基本符合要求”、“不符合要求”三种结论），向被检查者提出改进意见，向上级写出报告等。此外，根据检查的情况，分别不同情况还应作出不同的处理决定，包括奖励和制裁两个方面的处理决定。

第三节　保密行政处理

一、保密行政处理概述

保密行政处理，又称保密行政处理决定或保密行政决定，是保密行政执法机关运用极其广泛的一种执法手段，在整个保密行政执法行为中占有相当大的比例，也具有较为重要的地位。

（一）保密行政处理的概念和特征

保密行政处理或保密行政处理决定，是指保密行政执法主体依法单方面对特定相对人的权利和义务直接作出决定的行为。它具有如下特征：

1. 保密行政处理是保密行政执法主体依法作出的行为。该行为的主体只能是保密行政执法主体，包括保密行政执法机关和保密行政法规范授权的组织。保密行政执法机关委托的组织可以以委托的保密行政执法机关的名义作出保密行政处理。除此之外的其他任何组织，都不具有保密行政处理的主体资格。即使有些单位就本单位的保密事项作出一些处理行为，可认定为是一般的保密工作管理行为，但不属于保密行政处理行为。

2. 保密行政处理是针对特定相对人作出的处理。作为一种具体行政执法行为，其针对的对象只能是特定的保密行政相对人，包括公民、法人或其他组织。

3. 保密行政处理是保密行政执法主体单方面作出的行为。这就是说，保密行政处理是一种单方行政执法行为，无论依职权还是依相对人的申请，都由保密行政执法主体单方面作出，无需征得相对人的同意。这里值得注意的是，在行政法学上，常常把行政执法行为分为单方行为和双方行为。双方行为又称行政合同行为，是指行政主体为实现行政目的而与相对人之间意思表示一致所达成的一种协议行为。这种行为并不是仅由单方面决定，而必须与相对人意思表示一致，即征得相对人同意才能成立。这种执法行为实际上采用的是合同方式。由于采用合同这种执法方式较之一般的单方面决定行为更具有可接受性，能充分发挥相对人的积极性和创造性，因而逐渐成为现代行政执法所广泛运用，如公务员聘用合同、国家订货合同、公用征收合同、国有土地使用合同、企业承包经营合同、计划生育合同、公共工程建筑合同等，都属于行政执法合同的范畴。在保密行政执法领域，也应逐步探索采用行政合同这种方式。

4. 保密行政处理是保密行政执法主体对相对人的权利和义务直接作出处理的行为。保密行政处理不同于保密行政检查，后者只是间接影响相对人的权利和义务，保密行政处理则是对相对人的权利和义务产生直接法律效果，其内容是改变相对人的权利和义务，即设定、变更或终止相对人的权利和义务。

5. 保密行政处理是保密行政执法主体作出处理决定的行为。也就是说，该行为的结果是处理决定，通常需要书面形式。对于这种处理决定，尚需相对人的执行才能得以最终实现。如果相对人拒不执行，则会进一步引起行政强制执行行为。因此，保密行政处理只是保密行政执法行为的一个步骤，但又是一个独立的执法手段，它既不同于保密行政检查，也不同于保密行政强制执行。

（二）保密行政处理的表现形式

保密行政处理的具体表现形式很多，其中主要的有下列几种：

1. 许可。许可是保密行政执法主体应相对人的申请而赋予其从事某种法律所禁止事项的权利的行为。具体表现为各种各样的许可证，如《国家秘密载体复制许可证》《国家秘密载体出境许可证》等。

2. 确认。确认是保密行政执法主体依法认定并宣告相对人的某种特定法律事实和法律关系是否存在的行为。如密级鉴定和密级确定等。

3. 奖励。奖励是指保密行政执法主体对严格遵守保密行政法规范并做出一定成绩的相对人，给予精神和物质上鼓励的行为。

4. 制裁。制裁又称惩戒，是指保密行政执法主体对违反保密行政法规范的相对人追究行政法律责任的行为。主要有行政处分和行政处罚两种。

5. 批准。批准是保密行政执法主体应特定相对人的申请，依法同意或者拒绝其实施某种行为或某项计划的行为。批准行为很多，譬如，根据《保密法》的规定，在对外交往与合作中需要提供国家秘密事项的，应当按照规定的程序事先经过批准（第二十一条）；属于国家秘密的文件、资料和其他物品携带、传递、寄运至境外须经有关主管部门批准（第二十六条）；接触属于绝密级国家秘密的人员须经过批准（第二十七条）；经管国家秘密事项的专职人员出境，应经过任命机关予以批准（第二十八条）等。批准不同于许可。许可虽也含有批准之意，但其本质是对法律禁止的解除，目的是为了限制进入某一领域的相对人的数量。而批准是比许可更为广泛的行为，它并非仅仅是对法律禁止的解除，其主要目的是通过对相对人的控制，实现一定的行政管理目标。另外，许可的形式比较严格，表现为各种各样的许可证；批准的形式灵活多样，不拘一格。

以上是保密行政处理的几种主要表现形式，此外还有命令、登记注册（复制规定第 18 条至第 21 条）等形式。其中，许可、确认、奖励和制裁都是典型化的行政处理行为。

二、保密行政许可

（一）保密行政许可概述

许可即准许、允许之义，在法律上是指一方允许另一方从事某种活动，非经允许而为之，即属违法的行为，需承担相应的法律责任。不同部门法中，许可的涵义是不同的。民法上的许可通常指土地所有权人允许他人通过或使用其土地的行为；知识产权法上的许可则指专利、商标所有人允许他人使用其专利、商标的行为。由于民法上的许可被认为是充分发挥民事主体权利效能的最佳途径，所以逐渐被各国引用到公法领域之中。当行政主体作为许可人，旨在管理公共事务时，就形成了行政许可，成为行政法意义上的许可。具体而言，所谓行政许可是指行政主体应相对人的申请而赋予其从事某种为法律所一般禁止事项的权利或资格的具体行政行为。它具有如下法律特征：

1. 行政许可是一种赋权行为

从内容上看，行政许可是赋予相对人某种权利或资格的一种赋权行为，或称授益性行为。也就是说，一经许可，相对人就获得从事某种活动的权利或者某种资格。通常将使相对人获得从事某种活动的权利的许可称之为行为许可，如开业、生产、经营许可等；而将使相对人获得某种资格的许可，称之为资格许可，如律师证、会计师证等。保密行政许可中的国家秘密载体复制许可和出境许可属于行为许可，使相对人获得复制国家秘密载体或携运国家秘密载体出境的权利。行政许可作出一种赋权行为或授益性行为，不同于行政处罚、行政强制等对相对人剥夺权利或科以义务的行为。

2. 行政许可是一种解禁行为

从性质上看，行政许可既是赋予相对人某种权利或资格的行为，也是解除或免除某种禁止义务的行为，即一种解禁行为。许可总是与禁止相对应的，没有法律的禁止，就不会有许可的存在，或者说许可就失去存在的意义；许可是对禁止的解除，这是因为国家为了公共利益和社会秩序的需要，经常要设定某一领域或某一事项禁止一般人从事，只有具备一定条件和资格，经行政主体审查批准，方能解除这种禁止。例如，为了保证公共安全、维护交通秩序，国家禁止一般人随意驾驶汽车，据此，行政机关对符合条件者颁发驾驶执照的行为就是对这种禁止的解除。同样，为了保守国家秘密，维护国家的安全和利益，国家禁止一般的印刷、复印等行业复制国家秘密载体。要解除这种禁止，获得复制国家秘密载体的权利，就必须取得《国家秘密载体复制许可证》；同时，国家也禁止一般人邮寄或携运国家秘密载体出境，确因工作需要，需自行携运出境的，必须申办

《国家秘密载体出境许可证》，方能对申办者解除这种禁止。因此，许可的前提是法律禁止。这就意味着许可内含着禁止之意，凡是许可的事项也是法律所禁止的事项。许可实质上是将普遍禁止的事项予以个别解除。而法律禁止的目的是为了维护公共利益和社会秩序，建立许可制度的目的也在于此。同时，禁止并不是绝对禁止，只是一种限制，对不符合条件者是禁止，但它却为符合条件者提供了良好的环境。既然法律规定了非经许可不得从事某项活动，那么，对于合乎条件者来说，它就有权依法取得许可。因此，行政许可既有维护公共利益和社会安全的功能，也具有保护相对人合法权益的功能。

3. 行政许可是一种依申请的行为

从程序上讲，相对人的申请是行政许可的前提条件，没有相对人的申请，行政主体不得主动为之。因为作为相对人的个人、组织要获得对某种禁止的解除，行使某种权利或获得某种资格，就必须符合法定的条件，并向行政主体作出相应的意思表示。此种意思表示的形式就是许可申请。譬如，相对人要取得《国家秘密载体出境许可证》，必须首先向有关保密工作部门或保密工作机构提出书面的申请，然后再由有关保密工作部门对其进行严格审查核准，并作出是否许可的具体决定。因此，任何行政许可的程序都包括申请和核定两个步骤。没有相对人的申请，行政主体不得主动核发许可证。但是相对人一经提出申请，行政主体无论是否许可都必须在法定期限给予答复，否则即构成不作为的违法，相对人据此可以申请行政复议或提起行政诉讼。譬如，《关于禁止邮寄或非法携运国家秘密文件、资料和其他物品出境的规定》第8条第2款规定："保密工作部门或保密工作机构一般应在接到申请之日起十日内将审批结果通知申办单位。”否则，即构成一种拖延或不作出的违法行为。这里值得注意的是，在有些情况下，行政主体也可主动要求相对人取得许可。例如，工商行政管理部门发现某种商品的商标未经注册，可责令生产或经销该商品的单位到工商局注册。但作出行政许可决定仍以相对人提出申请为前提，没有相对人的申请，行政主体不能主动给予。根据《印刷、复印等行业复制国家秘密载体暂行管理办法》的有关规定，定点复制单位一经确定，批准机关就应当办理《国家秘密载体复制许可证》，这似乎意味着批准机关应主动发给许可证。我们认为，这只说明定点复制单位有资格也有权利取得许可证，并不意味着批准机关应主动发给许可证。定点复制单位要取得许可证，同样要经过申请，没有申请，批准机关也不得主动发给其许可证。但如果定点复制单位不提出申请，没有许可证，批准机关可主动要求其取得许可证，否则，该定点复制单位仍然不得从事国家秘密载体的复制活动。

4. 行政许可是一种要式行政行为

从形式上看，行政许可必须采用书面的许可证形式，即为一种要式行政行为。这是行政许可证产生法律效力应具备的特定形式要件。它既便于行政主体和社会对获得许可的相对方与未获得许可的其他个人、组织加以区别，也便于行政主体对相对方进行监督检查。当然，“许可证”一词只是各种书面形式的许可文件的一个统称，其具体名称和用语并非只能称作“许可证”。实际上，行政许可的具体表现形式多种多样，其用语和名称也并非完全一致. 具体而言，有的直接称“××许可证”，如

“采矿许可证”，“捕捞许可证”等，“国家秘密载体复制许可证”、“国家秘密载体出境许可证”也是直接称许可证；有的则称“××执照”，如“营业执照”、“驾驶执照”、“律师工作执照”等；还有的称“准×证”，如“准许证”、“准购证”、“准生证”、“准印证”等，另外，还有的称“××证”或“××照”，如“携运证”、“运输证”、“持枪证”、“特许证”、“凭照”、“护照”等等。总之，行政许可的表现形式种类繁多，“许可证”只是其基本的表现形式和法律用语。但无论采用何种形式，都必须是法定特殊的书面形式。

行政许可作为行政主体通过颁发许可证的形式来对国家事务进行管理和控制的一种重要法律手段，不仅是现代行政法治的要求，也是行政管理科学化的结果。从实际状况看，行政许可制度已是世界各国普遍实行的法律制度，广泛运用于政治、经济、文化各个领域，对于现行国家行政管理具有十分重要的作用。其作用具体表现为：它既有利于维护公共利益、公共安全和社会秩序，也有利于国家对社会事务的宏观调控，还有利于保护相对人的合法权益。正因如此，目前在我国，行政许可也日益广泛地被运用于许多行政管理领域，成为国家管理和控制行政事务的一种不可缺少的重要措施。行政许可日益广泛被应用，可以说是我国改革逐步深入发展的标志。

在国家保密行政事务管理领域中，也逐渐引用了行政许可这种管理手段，并已有了相应的法律规范的规定，使之成为保密行政执法的重要形式之一。目前，保密行政许可主要包括国家秘密载体复制许可和国家秘密载体出境许可两种。

（二）国家秘密载体复制许可

国家秘密载体复制许可，是指保密行政执法主体根据相对人的申请，通过颁发许可证的形式，依法准许相对人复制国家秘密载体的一种行政许可行为。这里所称复制，是指用手工、照相、电子及其他印刷方法仿制原稿的全部工艺过程；这里所指的国家秘密载体，特指依法被确定为国家秘密并标有密级的文件、资料、图表和书刊等。为了确保国家秘密安全，加强对国家秘密载体复制活动的管理，国家保密局、国家工商行政管理局、公安部、新闻出版署、文化部、轻工业部等部门于 1990 年 4 月 9 日联合制定并发布了《印刷、复印等行业复制国家秘密载体暂行管理办法》(以下简称《管理办法》)。该《管理办法》对国家秘密载体复制许可制度作了明确规定。根据该《管理办法》的规定，作为国家秘密载体复制许可表现形式的许可证主要有:《国家秘密载体复制许可证》和《国家秘密载体准印证》。

1.《国家秘密载体复制许可证》

《国家秘密载体复制许可证》是有关印刷、复印单位复制国家秘密载体的合法凭证。根据《管理办法》的规定，结合行政法学基本原理和实践，颁发该种《许可证》应遵循下列程序规则：

(1) 申请

根据行政许可是一种依申请的行政执法行为的特点，行政许可程序必须由相对人主动提出申请才能正式启动。有关印刷、复印单位要取得《国家秘密载体复制许可证》，同样必须首先提出申请。

第一，申请条件。根据《管理办法》的规定，印刷、复印单位要取得《国家秘密载体复制许可证》，必须被确定为国家秘密载体定点复制单位。也就是说，被确定为国家秘密载体定点复制单位是申请的前提。

根据《管理办法》第6条的规定，成为国家秘密载体定点复制单位的印刷单位必须具备下列具体条件：①接触国家秘密的人员政治可靠；②存放国家秘密载体的设施安全可靠；③厂房、车间或经营场所周围有良好的安全和保密环境；④备有残、次、废品销毁设备；⑤内部保卫、保密制度健全落实；⑥建立并能够实行严格的工作登记和监督检查制度；⑦从事营业性业务的，应当是经所在的保密工作部门和公安机关审查同意，经工商行政管理机关核准登记注册的企业。但私营企业、个体工商户和外商投资企业，不能被确定为国家秘密载体定点复制单位。

第二，申请主体。申请主体，是指符合申请条件或有资格提出申请的相对人。根据《管理办法》的规定，可以被确定为国家秘密载体定点复制单位的印刷、复印单位包括：①地、市级及其以上党、政机关和人民解放军军以上机关、单位内部设置的以从事印刷国家秘密载体为主要任务的机要印刷厂（以下简称机要印刷厂）；②地、市级及其以上党、政机关和人民解放军军以上机关、单位以外的其他机关、单位和人民解放军军以上机关、单位以外的其他机关、单位内部办的非经营性印刷厂，及其他法定的非经营性印刷厂（以下简称非经营性印刷厂）；③少量专营或兼营复印、誊印、打字或晒图的企业。

第三，申请管辖。许可申请人必须向依法享有颁发许可证的主管机关提出申请。颁证机关之间的权限划分即申请管辖或称许可管辖，依据申请人的不同情况确定。

首先，就机要印刷厂来讲，中央、国家机关的机要印刷厂，由本机关的保密工作机构负责审查，报请国家保密局核准发证；省、自治区、直辖市党、政机关的机要印刷厂，由本机关、直辖市保密局核准发证；地、市级党、政机关的机要印刷厂，由其所在机关负责初审，再由本级政府保密工作部门汇总后，报请省或自治区保密局核准发证；人民解放军军以上机关、单位内部设置的机要印刷厂的审查、报批程序由解放军保密委员会办公室确定，由国家保密局统一发证。

就非营业性印刷厂而言，地、市级及其以上党、政机关和人民解放军军以上机关、单位以外的其他机关、单位内部办的非营业性印刷厂，向所在地的地、市级政府（包括城市中相当于地、市级的区政府）或行署的保密工作部门申报；其他非营业性印刷厂，由县级或地级以上市（不含地级市）的区政府的保密工作部门会同同级公安、工商行政管理和有关的新闻出版、文化或轻工业部门审查，报请上一级政府的保密工作部门核准发证。

再次，就其他企业即少量专营或兼营复印、誊印、打字或晒图的企业而言，这些企业单位必须向所在地的县级或地级以上市的区政府的保密工作部门提出申请，经审查报请上一级政府的保密工作部门核发。

第四，申请形式。申请人还必须以书面形式明确提出申请许可的意思表示。申请书必须载明申请许可的内容、理由、条件等。对于从事营业性复制业务的企业申请许可的，还必须在提出申请的同时，附上所在地公安机关审查同意意见书及工商行政管理机关颁发的营业执照等文件。

(2) 核发

有关国家保密工作部门在收到相对人的许可申请书后，应当按法定标准，对申请事项进行严格审核，并作出是否许可的具体决定。审核内容侧重于两个方面：

第一，程序性审核。对与程序相关的内容进行审核，主要涉及：相对人是否明确提出许可申请；是否以书面形式提出申请；是否提交了规定应当提交的附件材料；是否经有关保密工作机构或保密工作部门进行了初审；是否向拥有许可管辖权的保密工作部门提出申请等。

第二，实质性审核。这主要是对相对人是否符合法定条件或具有相应资格条件进行审核。

经过审核，根据不同情况作出不同处理决定：如果相对人的申请不符合程序性要求的，可要求申请人补正或补交，不符合管辖规定的，可移交有管辖权的机关；如果申请人不符合实质性条件的，应作出拒绝颁发许可证的决定；如果申请人既符合程序性要求，又符合实质性条件的，应作出颁发许可证的行政决定。

需要强调指出的是，无论是颁发许可证或者拒绝颁发许可证，都应当以书面形式作出。颁发的许可证上应载明被许可人的基本情况、许可事项、许可的有效期限及其他特殊要求的内容。拒绝颁发许可证的决定，则应说明理由并告知不服决定的救济途径。

(3) 监督

通过有效的法律手段对许可证的颁发及其颁发后的履行情况进行监督和控制是十分必要的。这种监督包括对相对人的监督和对发证机关的监督两个方面。

第一，对相对人的监督。对相对人的监督，除了颁发阶段对申请的审查监督之外，还包括许可证颁发后，对相对人是否履行相关义务的监督。

根据《管理办法》的有关规定，凡是被确定为国家秘密载体定点复制单位的印刷企业，在印制国家秘密载体的时候，都必须遵守下列规定：①参加密件排版、校对、印刷、装订的人员，由企业负责人填格审定，各工序要派专人负责管理，必要时委托单位可派人监制。②印件的原稿、校样、成品、半成品、印版、纸型、底片等，须有严格的登记手续和交接制度。如发现短缺，应立即向有关部门报告，并组织查找。印制完毕，要将成品连同原稿、校样、半成品、废品和印版、纸型、底片等全部清点交委印单位，印刷企业不得擅自留存。③印刷企业必须经常向职工进行遵纪守法教育。对参加密件印制的人员，加强保密纪律教育，防止泄密。

持有《国家秘密载体复制许可证》的单位，应当将许可证张挂于明显的位置。定点复制单位不按照规定张挂复制许可证的，县级以上政府的保密工作部门可以责令其立即张挂，对拒不执行的单位，有权吊销其复制许可证。对定点复制单位中已不再具备法定条件或不遵守有关保密规定的，县级以上政府的保密工作部门可以责令其立即停止复制活动，并没收其全部非法复制品，情节严重的，由发证机关吊销其复制许可证。

第二，对发证机关的监督。这种监督属于行政执法监督的内容之一，其监督方式包括行政监督和司法监督。为了加强对行政许可的监督，国家相继制定的《行政诉讼法》和《行政复议条例》都明确规定，不服行政机关吊销许可证、拒绝颁发许可证、或者对许可申请不予答复的行为，可以申请行政复议或者提起行政诉讼。《国家赔偿法》则规定，行政机关及其工作人员在行使职权时违法实施吊销许可证、违法拒绝颁发许可证、对许可申请违法不予答复而造成相对人财产损失的，受害人有取得赔偿的权利。这些规定同样适用于对国家秘密载体复制许可的监督或救济。

此外，1996 年 3 月出台的《行政处罚法》进一步对涉及许可方面的处罚作出了规定，即吊销许可证必须由法律和行政法规才能设定，地方性法规和规章不得设定，已经设定的应予清理。

2.《国家秘密载体准印证》

《国家秘密载体准印证》是有关机关、单位委托定点复制单位复制国家秘密载体的合法凭证。颁发《国家秘密载体准印证》，除了应遵循前述与颁发《国家秘密载体复制许可证》某些共同的程序规则外，机关、单位办理并出具《国家秘密载体准印证》还应遵循下列具体程序规则：

(1) 县、团级及其以上的机关、单位委托非自办定点复制单位复制国家秘密载体的，由委托机关、单位的保密工作机构办理《准印证》。

(2) 县、团级以下的机关、单位委托定点复制单位复制国家秘密载体的，到所在地的县级或地级以上市的区政府的保密工作部门办理《准印证》。

(3) 到本机关、单位驻地以外的省、自治区、直辖市的定点复制单位复制国家秘密载体的，凭本机关、单位的保密工作机构开据的介绍信，到拟委托复制定点复制单位所在地的县级或者地级以上的区政府的保密工作部门办理准印证。

（三）国家秘密载体出境许可

国家秘密载体出境许可，是指保密行政执法主体根据有关单位或个人的申请，向其颁发《国家秘密载体出境许可证》，准许其携运批准范围的国家秘密载体出境的一种行政许可行为。该行为的许可证形式即《国家秘密载体出境许可证》，是有关单位或个人携运某种国家秘密载体的合法凭证。这里所称的国家秘密载体仅限于机密级、秘密级国家秘密文件、资料和其他物品。为了保守国家秘密，防止属于国家秘密的文件、资料和其他物品被邮寄或非法携运出境，国家保密局和海关总署于1994年12月8日制定下发了《关于禁止邮寄或非法携运国家秘密文件、资料和其他物品出境的规定》（以下简称《出境规定》），并于1995年4月1日起施行。该《出境规定》对国家秘密载体出境许可制度作了明确规定。根据规定，国家秘密载体出境许可制度包括以下内容：

1.《许可证》的申办

根据《出境规定》，属于国家秘密的文件、资料和其他物品应当由外交信使（含临时信使）或国家保密局核准的单位和人员携运，国家禁止邮寄或者非法携运出境。有关单位或个人，遇到因出境目的地不通外交信使，或者外交信使难以送达、携运的特殊情况时，确因工作需要，须自行携运属于机密级、秘密级国家秘密文件、资料和其他物品出境的，应当向有关保密工作部门或保密工作机构申办《国家秘密载体出境许可证》（以下简称《许可证》）。

机关、单位在对外交往与合作中，依照国家有关规定，合法向外方提供属于机密级、秘密级国家秘密的文件、资料和其他物品，需由外方携运出境的，应当由中方提供单位办理《许可证》。申办《许可证》时，须将拟自行携运出境的属于国家秘密的文件、资料和其他物品及其制发单位和本单位同意出境的证明，向有关保密工作部门或保密工作机构申办。

2.《许可证》的核发

根据《出境规定》，《许可证》由不同的保密工作部门或保密工作机构核发。其核发权限具体为：(1) 机密级国家秘密，须经中央、国家机关和人民团体的保密工作机构或省、自治区、直辖市的保密工作部门批准、核发；(2) 秘密级国家秘密，须经中央、国家机关和人民团体的保密工作机构或地市级（含）以上地方保密工作部门批准、核发。保密工作部门或保密工作机构一般应在接到申请起十日内将审批结果通知申办单位，不得无故拖延或不予答复。

3.《许可证》的效用

根据《出境规定》，有关单位或个人出境时必须向海关申报，海关凭《许可证》验放。对于无《许可证》携运属于国家秘密的文件、资料和其他物品出境的，属非法携运，海关可依法对当事人予以处罚；保密工作部门或保密工作机构也可依法予以查处。同时，相对人对于保密工作部门或保密工作机构拒绝颁发或不答复的行为以及认为海关的处罚行为不当的，可申请复议或提起诉讼；造成损害的，还可请求赔偿。

三、保密行政确认

（一）保密行政确认的概念和特征

保密行政确认，是指保密行政执法主体依法认定并宣告相对人的法律关系及相关法律事实是否存在或是否合法的一种行政执法行为。保密行政确认作为保密行政执法行为的主要形式之一，同样是国家对保密行政事务进行科学管理的一种重要法律手段。它具有如下特征：

1. 保密行政确认的主体是特定的保密行政执法主体。保密行政确认是针对法定的。需确认的事项，根据法定的条件、依一定的程序作出的一种行政执法行为。因此，其主体只是特定的保密行政执法机关或保密行政法规范授权的组织，一般只能是保密工作部门。保密行政执法主体之外的任何单位或个人都不能为保密行政性质的确认，或所为的确认不属于保密行政性质的确认。即使是保密工作部门也只能在其法定职权范围内为保密行政确认行为，否则为越权确认。

2. 保密行政确认的内容是认定相对人的法律关系或相关法律事实是否存在或是否合法。保密行政确认通常是通过确定特定的法律事实或法律关系的是否存在，达到确定或否定相对人的法律地位或权利义务的目的。譬如，“密级鉴定”，就是通过确定有关单位、个人持有或携运的文件、资料和其他物品是否属于国家秘密、属于何种密级等法律事实，来确定有关单位、个人的权利和义务。

3. 保密行政确认的性质是保密行政执法主体所为的保密行政执法行为，其确认权属于国家行政权的组成部分。因此，它不同于一般的行政调解或仲裁行为。譬如有人认为对是否属于国家秘密和属于何种密级有争议的事项予以确定是一种仲裁行为。严格地说，这是不正确的。因为行政确认作为一种强制力的保密行政执法行为，有关当事人必须服从，否则就要受到相应的处理。

（二）保密行政确认与保密行政许可的联系与区别

保密行政确认和保密行政许可既有联系又有区别。

1. 保密行政确认和保密行政许可的联系

两者的联系主要表现在：（1）确认和许可常常是同一行政执法行为的前后两个步骤。一般是确认在前，许可在后，确认是许可的前提，许可是确认的后果。例如：印刷、复印单位要取得《国家秘密载体复制许可证》，必须首先被确定为国家秘密载体定点复制单位。（2）确认和许可有时是一个行为的两个方面。譬如，国家秘密载体复制许可证，即是对有关印刷、复印单位具有复制国家秘密载体的资格或属于国家秘密载体定点复制单位的确认，也是对有关印刷、复印单位可以从事复制国家秘密载体业务的许可。

2. 保密行政确认和保密行政许可的区别

两者的区别主要表现在：（1）行为的内容不同。许可的内容是赋予相对人从事某种活动的权利；确认的内容只是认定相对人权利义务或相关法律事实是否存在。（2）行为的效果不同。许可是允许被许可人今后可以进行某种为法律所一般禁止的事项，其法律效果具有后及性；确认则是对相对人既有的权利义务或相关的法律事实加以认定，其法律效果具有前溯性。

（三）保密行政确认的主要形式

保密行政确认是通过多种多样的形式具体表现出来的，其形式主要有确定、登记、鉴定等，有的批准行为也属于确认行为。

1. 确定。目前确定主要有密级确定和国家秘密载体定点复制单位的确定等。这里的“密级确定”，主要是指下列两种情况：

（1）对是否属于国家秘密和属于何种密级不明确的事项确定其密级，即“不明确事项”的密级确定。所谓“不明确事项”就是应当确定为国家秘密并规定其密级，而在“保密范围”中未作明确规定的事项。如果“保密范围”已有规定，但规定得不够明确或者执行人认为规定得不明确的，不属“不明确事项”而属于法律适用中的认识问题。对这类问题，依照全国人大常务委员会五届十九次会议《关于加强法律解释工作的决定》，可以提请国家保密局或者有关中央国家机关作出解释。

关于确定“不明确事项”密级的具体程序。《保密法》第11条规定：“对是否属于国家秘密和属于何种密级不明确的事项，由国家保密工作部门，省、自治区、直辖市的保密工作部门，省、自治区所在地的市和经国务院批准的较大的市的保密工作部门或者国家保密工作部门审定的机关确定。在确定密级前，产生该事项的机关、单位应当按照拟定的密级，先行采取保密措施。”《保密法实施办法》进一步对“不明确事项”的密级确定权限作了具体规定：绝密级由国家保密工作部门确定；机密级由省、自治区、直辖市或者其上级的保密工作部门确定；秘密级由省、自治区政府所在地的市和国务院批准的较大的市的或其上级的保密工作部门确定。其他机关经国家保密工作部门审定，可以在其主管业务方面行使某一密级国家秘密的定密权。无相应确定密级权的机关、单位，应当按规定向有权确定密级的上级机关或保密工作部门申请确定密级，并在申请确定密级时，应当具备充分的理由。接到申请的机关或者保密工作部门，应当在三十日内作出批复。为了对那些是否属于国家秘密和属于何种密级不明确事项的密级作出正确的判定，有关机关或者保密工作部门在批复前，应当作深入的调查研究，征求有关业务部门的意见。

(2) 对是否属于国家秘密和属于何种密级有争议的事项确定其密级，即“有争议事项”的密级确定。所谓“有争议事项”，是指同一事项因“保密范围”有不同规定而发生的争议，对此，《保密法》第13条规定：“由国家保密工作部门或者省、自治区和直辖市的保密工作部门确定。”

2. 登记。登记又称登记注册或称注册，是指行政主体应特定相对人的申请，在政府登记册中记载该相对人的某种情况或事实，并依法予以正式确认的行为。登记是一种羁束行为，应严格按有关法律规范的规定进行。行政主体应认真审查，对符合条件的予以登记，对不符合条件的则应拒绝登记。登记往往既是相对人的一种权利，又是相对人的一种义务。相对人具有某种情况或事实并符合法定条件的，有申请登记的权利；对行政主体违法拒绝登记申请的，相对人可以申请救济或提起诉讼。同时，相对人具有法律规范要求登记的某种情况或事实的，就有义务向行政主体申请登记，并如实提供有关情况，否则即应承担相应的法律责任。

登记的种类很多，如婚姻登记、户口登记、社团登记、工商企业登记、房屋登记等。保密行政法规范中也规定了许多登记或注册行为，其中，主要的是《印刷、复印等行业复印国家秘密载体暂行管理办法》规定的注册备案制度。根据该《管理办法》的规定：除地、市级以上党政机关和军队军以上机关、单位内部设置的机要印刷厂外，所有的印刷、复印等行业企业和个体工商户都必须在规定的时间内到当地县级以上政府保密工作部门办理注册备案手续（第18、19、20、21条规定）。这是加强对国家秘密载体复制活动管理的必要法律措施。同时，凡是印刷、复印等行业的企业和个体工商户也有义务向保密工作部门办理注册手续，否则，县级或地级以上市的区政府的保密工作部门将会同工商行政管理机关责令其立即补办手续，并视情节轻重，由工商行政管理机关处以五千元以下的罚款，对拒不办理的，吊销其营业执照。

3. 鉴定。这是指行政主体通过检验相对人所拥有的某种物品或所实施的某种行为，从而确定其是否符合某种法定标准或条件的行为。鉴定的种类也很多，如纳税鉴定、审计鉴定、会计鉴定、产品质量鉴定、计量器具鉴定等。属于保密行政性质的鉴定主要是密级鉴定。密级鉴定是有权的保密工作部门或机构对是否属于国家秘密以及属于何种密级等情况不明确或发生争议时对其进行鉴定，作出密级鉴定意见并出具鉴定文书的活动。譬如《关于禁止邮寄或非法携运国家秘密文件、资料和其他物品出境的规定》第10条规定：邮寄或携运出境的文件、资料和其他物品，虽无密级标志，但海关认为其涉及国家秘密时，有权将其扣留并移交查扣地的地市级（含）以上政府保密工作部门，由有密级鉴定权的保密工作部门或机构进行鉴定。另外，在泄密事件查处中，对于所泄露的事项是否属于国家秘密、属于何种密级等情况不明确或发生争议时也需进行密级鉴定。可见，密级鉴定实际上属于前述密级确定的一种，也必须遵循与之相同的确认权限的程序。

四、保密行政奖励

奖励与惩戒相对应。行政奖励是奖励的一种，运用于国家的行政管理领域，是指行政主体为了实现行政目的，对严格遵守行政法规范并作出一定成绩的相对人，给予精神和物质上的鼓励而实施的执法行为。行政奖励作为国家或政府对相对人行为的一种肯定性评价，对于强化行为人的行为动机、激励人们的社会责任感和荣誉感、引导奋发上进的社会风气都有重要作用。正因如此，行政奖励已被广泛地与运用于国家行政管理的各个领域，成为国家科学有效管理不可缺少的重要行政执法手段之一。目前，我国涉及行政奖励的专门性的法律、法规、规章已相当普遍，此外还有大量有关法律、法规和规章虽不是行政奖励方面的专门性规定，但它们几乎都有行政奖励的章节或条文。就保密行政奖励而言，目前还没有专门性的法律、法规或规章作出规定，但在《保密法》、《保密法实施办法》及其相配套的保密规章中已有专门的条文或章节作了专门的规定。

(一) 保密行政奖励的概念和特征

保密行政奖励，是指保密行政执法主体依法对严格遵守保密行政法规范并能作出一定成绩的保密行政相对人，给予精神和物质上鼓励的行政执法行为。它具有如下特征：

1. 实施保密行政奖励的主体是保密行政执法主体。保密行政奖励的主体可以是各级保密工作部门，也可以是其他机关、单位，但必须具备保密行政执法主体的资格。非保密行政执法主体的组织所实施的奖励行为不是保密行政奖励。

2. 保密行政奖励针对的对象是严格遵守保密行政法规范

并作出突出成绩的保密行政相对人。其范围相当广泛，只要是作为保密行政相对人的个人和组织，能够严格遵守保密行政法规范并作出突出成绩的，都可获得保密行政奖励。同时，严格遵守保密行政法规范并作出突出成绩也是保密行政相对人获得保密行政奖励的总体条件，其具体条件依保密行政法规范的具体规定，譬如《保密法实施办法》第 27 条列举了可以获得保密行政奖励的七种具体条件或情况。

3．保密行政奖励的内容是给予相对人以精神和物质上的鼓励。保密行政奖励是一种赋权或授益性行政执法行为，其内容是给予相对人某些物质利益或精神利益，即物质奖励或精神奖励。这两种奖励既可以单独进行，也可以合并进行。

4．保密行政奖励的性质是一种法定的行政执法行为。首先，保密行政奖励作为一种行政执法行为，是保密行政执法主体以国家的名义对相对人行为的一种肯定性评价，这种肯定性评价是应该得到社会及其他个人和组织承认的。其次，保密行政奖励又是一种法定的奖励行为，保密行政执法主体必须严格依法定的条件、内容、方式、程序等作出奖励行为。再次，既然保密行政奖励是一种法定奖励行为，是保密行政执法主体依法赋予受奖者以奖励性权利，这就意味着，保密行政奖励是相对人的一种权利，受奖励者对被授予自己的奖励性权利是可以主动放弃的，因而保密行政奖励不具有强制执行力，这正是保密行政奖励不同于行政处罚等具有强制力的执法行为的特有之处。

（二）保密行政奖励的条件

保密行政奖励是法定奖励，因此只有符合法定条件的保密行政相对人才能获得相应的奖励。从总体上说，只有严格遵守保密行政法规范并作出突出成绩的相对人才能获得保密行政奖励。其具体条件则要依据保密行政法规范的具体规定。《保密法实施办法》第27条规定了如下七种具体条件或情况：

1. 在危急情况下，保护国家秘密安全的；

2. 对泄露或者非法获取国家秘密的行为及时检举的；

3. 发现他人泄露或者可能泄露国家秘密，立即采取补救措施，避免或者减轻损害后果的；

4. 在涉及国家秘密的专项活动中，严守国家秘密，对维护国家的安全和利益作出重要贡献的；

5. 在国家保密技术的开发、研究中取得重大成果或者显著成绩的；

6. 一贯严守国家秘密或者长期从事保密工作的管理，事迹突出的；

7. 长期经管国家秘密的专职人员，一贯忠于职守，确保国家秘密安全的。

（三）保密行政奖励的内容、形式和程序

保密行政奖励作为法定奖励，还必须有法定的内容、形式和程序。

1. 保密行政奖励的内容和形式

保密行政奖励的内容，是指保密行政执法主体通过奖励行为所赋予给被奖励人的权利和利益。一定的奖励形式又是对奖励内容的反映和实现。因此，保密行政奖励的内容和形式可以从如下两个方面综合考虑：

第一，物质奖励。即保密行政执法主体赋予相对人物质方面的权利和利益。其形式表现为发给被奖励人一定数额的奖金或奖品，给被奖励人晋升工资，即晋职或晋级等。

第二，精神奖励，即保密行政执法主体赋予相对人精神方面的荣誉。其形式表现为授予被奖励人“劳动模范”、“先进集体”等荣誉称号，给予表扬、通令嘉奖，记功、记大功等。

4. 保密行政奖励的程序

结合我国有关法律规范的规定，保密行政奖励的大致可分为如下程序：

第一，奖励的提出。一般可采用三种提出奖励的方法：受奖励者自己申请或申报；保密行政工作部门或其他有关的保密工作机构推荐或建议；授奖机关、单位直接提出。此外，还有他人建议、群众评选等。

第二，审批。由授奖机关、单位对奖励者是否符合条件、奖励的形式是否恰当等进行审查和批准。

第三，公布。在正式颁布之前，把准备奖励的名单、受奖的事实根据公布于众，让群众评议。这是奖励公开性、民主性的具体体现。在有关法律规范中对此已作了明确规定，如《科学技术进步奖励条例》，《群众报矿奖励办法》等，保密行政奖励可资借鉴。

第四，授奖。最终确定的奖励，需要经过一定的仪式，发给受奖者有关的证书或者奖品，并以此扩大社会影响面，让广大群众知晓、了解。

第五，存档。对于个人的奖励，一般应书面通知受奖人，同时，将奖励材料存入个人档案。

第四节　保密行政制裁

保密行政制裁，又称保密行政惩戒，是指保密行政执法主体对违反保密行政法规范的相对人追究行政法律责任的一种行政执法行为。保密行政制裁有两种，即保密行政处分和保密行政处罚。

一、保密行政处分

（一）保密行政处分的概念和特征

保密行政处分，是指保密行政执法主体对违反保密行政法规范的内部相对人，追究行政法律责任的一种内部执法行为。它具有如下特征：

1. 保密行政处分的主体是保密行政执法主体。也就是说，保密行政处分的主体必须是具有保密行政执法主体资格的组织，不具有保密行政执法主体资格的组织实施的行政处分不是保密行政处分。这里关键要看处分的主体是否具有保密行政法规范规定的行政处分权，如果具有法定的保密行政处分权就说明其属于保密行政处分的主体，有权实施保密行政处分，根据《保密法》、《保密法实施办法》及其相配套的规章等的规定，保密行政处分主体的范围十分广泛，有关机关、单位对其所属工作人员都具有行政处分权。

2. 保密行政处分的对象是内部相对人。行政相对人有外部相对人和内部相对人之分。外部相对人是指与保密行政执法主体不具有行政隶属关系的一般公民、法人或其他组织；

内部相对人则是隶属于保密行政执法主体的内部工作人员，包括保密行政执法主体在内。保密行政处分只适用于内部相对人而不适用于外部相对人。也就是，有关机关、单位只能基于行政隶属关系对其所属工作人员实施行政处分，而不能对除此之外的个人实施行政处分，当然，保密行政执法主体可以对其管辖范围内的个人实施行政处罚，但行政处罚与行政处分是两种性质完全不同的行政制裁行为。

3. 保密行政处分的前提是保密行政违法行为。所谓保密行政违法行为是指违反保密行政法规范的行为，其主要表现形式是相对人不履行法定的保密义务。每个个人和组织有保守国家秘密的义务，所以保密行政违法行为包括所有个人和组织违反法定保密义务的行为。但作为应受保密行政处分的违法行为只限于内部相对人不履行法定保密义务的行为，包括涉密人员不履行在制作、收发、传递、使用、复制、摘抄、携带、保存、销毁密件和在研制、生产、运输、使用、保存、维修、销毁密品中应履行的保密义务，在组织、参加涉密会议、在社会交往、对外提供、投寄稿件，在出境和境外活动其间等情况下应履行的保密义务，以及其它方面应履行的保密义务等等。应受行政处分的保密行政违法行为从广义上看还包括保密行政执法人员违法执行公务和其他违反行政纪律的行为，玩忽职守、超越职权、滥用职权、贪污、贿赂、违反社会公德等等。也就是说，凡是违反法定义务的行为都属于行政违法行为，都应受到行政处分，而不仅限于违反法定保密义务的行为。这里值得注意的是凡是违反法定义务造成国家秘密失控包括泄密和失密的行为属于严重的保密行政违法行为；但保密行政违法行为不仅限于泄密行为。

4. 保密行政处分的目的在于追究行政法律责任。相对人违反保密行政法规范规定的义务必然要引起一种否定性的法律后果即行政法律责任，并应受到相应的行政制裁。保密行政处分作为行政制裁中的一种，其目的就在于追究违法行为人的行政法律责任。而行政法律责任属于法律责任中的一种。法律责任包括民事法律责任、行政法律责任和刑事法律责任。民事法律责任是通过相应的民事制裁措施如民事赔偿等予以追究；刑事法律责任是通过相应的刑事制裁措施即刑罚予以追究的；而行政法律责任则是通过行政制裁即行政处分和行政处罚予以追究的。行政处分作为一种行政制裁，既不同于作为民事制裁的民事赔偿等，也不同于作为刑事制裁的刑罚处罚。同时，它作为行政制裁中的一种，又不等同于行政制裁，它与行政处罚也是不同的。

5. 保密行政处分的性质是内部行政执法行为。保密行政处分作为保密行政执法主体基于行政隶属关系对其所属工作人员的一种管理行为，在性质上只能是内部行政执法行为。

（二）保密行政处分的种类

保密行政处分的种类，是指保密行政处分法定的具体表现形式。在我国，根据《国家公务员暂行条例》和《中华人民共和国行政监察法》的规定，行政处分包括警告、记过、记大过、降级、撤职和开除等六种形式。保密行政处分作为行政处分中的一种，而不应超越这六种形式之外进行“法外处分”。

（三）保密行政处分的实施

保密行政处分的实施涉及保密行政处分的实施机关、实施保密行政处分时所应考虑的各种情节及其程序要求等内容。

1. 保密行政处分的实施机关

根据《保密法实施办法》第29条规定："凡泄露国家秘密，不够刑事处罚的，有关机关、单位应当依照规定并根据被泄露事项的密级和行为的具体情节，给予行政处分。"这一规定表明，保密行政处分的实施机关包括涉密的有关机关和单位。但它们只能对其所属工作人员实施行政处分，而不能对本机关、单位之外的人员实施行政处分。这里的有关机关当然也包括各级保密工作部门。但是，作为专门主管保密工作的保密工作部门也只能对其所属工作人员实施行政处分，而不能对其他机关、单位所属人员直接给予行政处分，必要时可以向有关机关、单位提出行政处分的建议，根据（《保密法实施办法》第33条的规定）"要求有关机关、单位对泄密责任者给予行政处分"。

2. 保密行政处分实施中所应考虑的情节

保密行政处分实施中所应考虑的情节主要包括应当从重和从轻或者免予处分的情节。

根据《保密法实施办法》第30条的规定，有下列情节之一的，应当从重给予行政处分：

（1）泄露国家秘密已造成损害后果的；

（2）以谋取私利为目的的泄露国家秘密的；

（3）泄露国家秘密危害不大且次数较多或者数量较大的；

（4）利用职权强制他人违反保密规定的。

此外，《保密法实施办法》第31条还规定，泄露国家秘密已经人民法院判处刑罚的以及被依法免予起诉或者免予刑事处罚的，也应当从重给予行政处分。

根据《保密法实施办法》第32条的规定，“泄露秘密级国家秘密，情节轻微的，可以酌情免予或者从轻给予行政处分；泄露机密级国家秘密，情节轻微的，可以酌情从轻给予行政处分，也可以免予行政处分；泄露绝密级国家秘密，情节特别轻微的，可以酌情从轻给予行政处分。”

3. 保密行政处分的程序要求

保密行政处分的实施应严格按照一定的程序进行，一般要经过立案、调查、处理、执行等程序阶段，并遵循相应的程序要求。具体而言，在程序上要求做到：

（1）事实清楚。即对违法行为的时间、地点、情节、原因以及危害后果都必须经过认真调查，有关违法事实基本清晰是行政处分的前提。

（2）证据确凿。违法事实必须要有客观存在的依据予以证明，并且形成前后联系、相互印证的证据链，不能仅凭承办人员的主观臆断或者随意推断，也不能只依据行为人自己的陈述认定事实。

（3）定性准确。即要正确认定行为人的行为的性质，尤其是要正确确定行为人的行为是否属于违法行为，以及行为的轻重和造成行为发生的主客观因素。

（4）处理恰当。即要针对相对人行为的性质选择正确的处理形式，并针对行为人违法的轻重，选择恰当的处分形式。

（5）手续完备。即要严格依照有关规定办理一切必要的手续，如报上级机关备案、批准，存档等。

二、保密行政处罚

从整个行政执法上来看，行政处罚是目前应用最广泛的一种执法形式，它几乎涉及行政管理的各个领域，成为国家管理各项事务的一种重要法律手段。尤其是近十几年来，行政处罚在我国行政执法中获得了迅速的发展和长足的进步，但也不可否认存在着众多的缺陷和问题。为了统一规范行政处罚的设定和实施，保障和监督行政机关有效实施行政管理，维护公共利益和社会秩序，保障公民、法人和其他组织的合法权益，1996 年 3 月 17 日全国人民代表大会专门通过了一部系统完整的《中华人民共和国行政处罚法》(以下简称《行政处罚法》)，从立法上对行政处罚基本的、迫切需要解决的问题一一作了规定，从而为行政处罚的设定和实施提供了基本法律依据。该法已于 1996 年 10 月 1 日正式施行。该法的通过和实施，标志着我国行政处罚制度，乃至整个行政法制建设发展到了一个新的水平，可以说，它是继《中华人民共和国行政诉讼法》、《中华人民共和国国家赔偿法》之后的，我国民主与法制建设，尤其是行政法制建设中的第三个里程碑。

在此，以《行政处罚法》为基本依据，结合保密行政法规范的规定和保密行政执法的实际情况，就保密行政处罚的相关问题作些分析。

（一）保密行政处罚的概念

1、保密行政处罚的含义和特征

保密行政处罚，是具有法定权限的保密行政执法主体对违反保密行政法规范的外部相对人，追究行政法律责任的一种外部行政执法行为。它具有如下特征：

（1）保密行政处罚的主体是具有法定权限的保密行政执法主体。这包括两层涵义：首先，保密行政处罚作为一种保密行政执法行为，其主体只能是保密行政执法主体，其它任何机关、单位和个人都无权实施保密行政处罚。其次，实施保密行政处罚的保密行政执法主体必须是具有法定处罚权的保密行政执法主体。我们说，保密行政处罚的主体是保密行政执法主体，这并不意味着所有的保密行政执法主体都享有行政处罚权，或享有各个方面的行政处罚。因为保密行政处罚权是根据保密行政执法的需要配置的，有些保密行政执法主体虽能进行一定的执法活动，却不具有行政处罚权或只有某一方面的行政处罚权。是否具有处罚权，以及具有何种处罚权必须经保密行政法规范的明确授予，“法无明文规定不得随意处罚”，这是处罚法定原则的基本要求。

（2）保密行政处罚的对象是外部相对人。这就是说，受处罚人应当是保密行政相对人，而不是其他行政主体相对人，也不是作为内部相对人的工作人员，而是作为外部相对人的公民、法人或其他组织。当然，保密行政工作人员在以外部相对人即一般公民的身份出现时，也可成为保密行政处罚的对象。如某个保密工作人员非法持有有关国家安全工作的国家秘密，并造成泄密的，根据《中华人民共和国安全法》第28条的规定，国家安全机关对其可处以十五日以下拘留的处罚。再如，某个保密工作人员非法携运国家秘密载体出境的，海关可依据《中华人民共和国海关法》的有关规定，对其予以处罚。

（3）保密行政处罚的前提是保密行政违法行为。作为外部相对人的公民、法人和其他组织只有在实施了违反保密行政法规范的行为时，才能给予相应的保密行政处罚，这是保密行政处罚的前提。如果作为内部相对人的保密工作人员仅仅违反的是工作上或职务上的保密义务或纪律时，也只能给予行政处分，而不给予行政处罚。这里的保密行政违法行为主要表现为个人、组织不履行法定的保密义务。但这种保密义务是个人、组织作为外部相对人时应履行的保密义务，而不是作为内部工作人员在工作上应履行的保密义务。由于目前立法还不完善，有时往往难以区别，尤其是对于一个涉密人员，其违法行为到底是给予行政处分还是给行政处罚有时是不易认定的。我们认为，关键要看其身份和行为的性质，如果以个人的身份实施的是职务行为，该人员就是行政处分的对象。当然这也不是绝对的，对于其所隶属的机关、单位来说，是属于内部工作人员，但对于受管辖范围的其他机关来说则是外部相对人。因此对于是某个机关、单位的内部工作人员，有管辖权的机关如保密工作部门能否给予处罚，从理论上讲应该是可以的，当然，这类问题还有待于立法上的进一步完善。

(4) 保密行政处罚的目的在于追究行政法律责任。外部相对人违反保密行政法规范同样要引起一种否定性的法律后果，这种法律后果即行政法律责任。之所以说它是一种不利的法律后果，是因为它可以剥夺或限制相对人的某些权利或科以某种义务。保密行政处罚和保密行政处分的目的一样，都在于追究相对人的行政法律责任，即使其承担一种行政法上的不利法律后果，因而是不同于行政许可、行政奖励等授益性或赋权性行为的。

(5) 保密行政处罚的性质是一种外部执法行为。保密行政处罚是保密行政执法主体基于行政管辖关系而非行政隶属关系对其管辖范围内的外部相对人实施的一种执法行为，因而在性质上是一种外部行政执法行为。

2. 保密行政处罚与行政处分、刑罚处罚的区别

为了进一步理解保密行政处罚的涵义和性质，我们还需比较、区分它与行政处分、刑罚处罚这两种法律制裁之间的差异。

(1) 保密行政处罚与行政处分

保密行政处罚与保密行政处分，都是保密行政执法主体对违反保密行政法规范的相对人追究行政法律责任的行政执法行为，同属于保密行政制裁，但两者之间存在很大区别。

①主体不同。保密行政处罚是由享有法定处罚权的保密行政执法主体实施的，其处罚权已为保密行政法规范明确规定。而保密行政处分则是由受处分的相对人所在的机关、单位或其上级机关作出的，也就是说，有关的机关、单位对其内部工作人员都享有行政处分权。

②对象不同。保密行政处罚的对象是作为外部相对人的公民、法人或其他组织。而保密行政处分的对象仅限于作为内部相对人的工作人员。同时保密行政处罚既可以适用于个人，也可以对组织适用；保密行政处分则只能适用于作为个人的工作人员。有关涉密机关、单位内设的有些组织，如复印、印刷单位可以成为行政处罚的对象，因为它们在实施有关违法行为时是以外部相对人的身份出现的，当然对这些内设的复印、印刷单位的负责人也可以适用行政处分。

③性质不同。正是由于主体和对象的不同，所以两者在性质上也是完全不同的。保密行政处罚是外部行政执法行为；保密行政处分则是内部行政执法行为。

④种类不同。保密行政处罚的种类，主要有警告、罚款、没

收违法所得、吊销证照、责令停产停业、拘留等，其性质大都与被处罚人的人身权、财产权有关。保密行政处分的种类只有警告、记过、记大过、降级、撤职和开除等六种形式，其性质则与被处分人职务上的权利有关。

⑤救济途径不同。受处罚人对保密行政处罚不服的，可申请行政复议和提起行政诉讼,通过复议和行政诉讼获得救济。受处分人对保密行政处分不服的，则只能向作出处分的机关或上一级机关或行政监察机关申诉,通过内部申诉的途径获得救济。

（2）保密行政处罚与刑罚处罚

刑罚处罚，又称刑事处罚，简称刑罚，是人民法院依法对犯罪分子追究刑事责任的一种最严厉的法律制裁措施。违反保密行政法规范的行为,情节严重构成泄露国家秘密罪等犯罪的，应受到刑罚处罚。因此对违反保密行政法规范的行为进行法律制裁，除保密行政处罚外还包括刑罚处罚。两者的区别在于：

①性质不同。保密行政处罚属于行政制裁，对泄露国家秘密罪等犯罪行为处以刑罚处罚则属于刑事制裁。

②主体不同。对相对人的保密行政处罚决定，由有关保密行政执法主体作出；对泄露国家秘密罪等犯罪分子的判决，则由人民法院作出。

③对象不同。保密行政处罚的对象是违反保密行政法规范的公民、法人或其他组织。当公民、法人或其他组织既违反保密行政法规范，情节严重又构成犯罪时，也可能对其实施两种处罚。但如果公民、法人或其他组织仅仅是违反保密行政法规范而尚未构成泄露国家秘密等犯罪时则不能实施刑罚处罚，也就是说应受刑罚处罚的行为只能是构成犯罪的行为。

④种类不同。保密行政处罚的种类由各个保密行政法规范分别加以规定。对泄露国家秘密罪等给予何种刑罚处罚则由刑法统一加以规定，这包括主刑和附加刑两大类，主刑又包括管制、拘役、有期徒刑、无期徒刑、死刑五种；附加刑又包括罚金、剥夺政治权利、没收财产三种。

⑤程序不同。保密行政处罚按照行政处罚所规定的行政程序作出；而刑罚处罚则必须根据刑事诉讼法规定的司法程序作出。

（二）保密行政处罚的种类

保密行政处罚的种类，是保密行政处罚外在的具体表现形式。划分保密行政处罚的种类，是设定和实施保密行政处罚的前提条件。

1.《行政处罚法》规定的处罚种类

《行政处罚法》从总体上对各个领域的行政处罚种类作了统一明确的规定。根据该法第8条的规定，行政处罚的种类包括：

(1)警告。即对违法者实施的一种书面形式的谴责和告诫。警告作为一种行政处罚，以影响行为人的声誉为内容，即对违法者的声誉施加影响，使其在精神或内心上产生压力，从而达到处罚的目的，属于一种声誉罚或精神罚或申诫罚，它并不涉及行为人的财产权利和人身自由，因而不同于其他种类的行政处罚。同时，警告作为一种正式的处罚形式，必须是要式行为，要由处罚机关作出书面裁决，并向本人宣布和送达，而不能以为是简单、随便的口头批评。口头警告不能算作行政处罚，而只是批评教育的方法。

(2)罚款。即责令违法者缴纳一定数额金钱的处罚形式。它属于一种财产罚，其作用是对违法者予以经济制裁，即剥夺违法者一定的经济利益或财产权利。值得注意的是，罚款要求违法者缴纳的钱款应是其合法收入，而对违法者的非法收入则应适用没收这种处罚。罚款与罚金也不同，后者是人民法院对犯罪分子科处的一种刑罚处罚。罚款是目前适用最广泛的一种处罚形式，主要适用于贪图物质利益的违法行为人。对贪利者一般也是可以设定罚款这种处罚形式的。

（3）没收。没收也属于财产罚的一种，包括没收违法所得和没收非法财物两个方面。没收违法所得，是指将行为人通过违法行为所获得收入（包括金钱或其他财物）收归国有；没收非法财物，是指将行为人占有的与违法行为有关的财物（包括违禁品或用于实施违法活动的工具）收归国有。

（4）责令停产停业。即责令违法者停止生产、经营活动，从而限制或剥夺其从事生产、经营活动能力的处罚形式。

（5）吊扣证照。即暂扣或者吊销许可证或者执照，是行政主体依照限制或者剥夺违法者原有的从事某种活动的特许权利或者资格的处罚。凡是具有证照许可权的行政主体一般都具有相应的吊扣证照处罚权。

（6）行政拘留。特指国家公安机关、国家安全机关对违法行为人在短期内限制其人身自由的处罚。行政拘留是行政处罚中最严厉的处罚方式，因此有着严格的期限限制，即 1 日以上 15 日以下，且只能由国家公安机关和国家安全机关执行。

（7）法律、行政法规规定的其他行政处罚。除以上六种基本的行政处罚种类以外，《行政处罚法》还确认，凡法律、行政法规规定的其他处罚都属于合法有效的处罚种类。这实际上是一个“兜底”性的条款，以保留法律、行政法规已有规定的其他处罚种类并为以后的立法留有余地，扩大处罚的种类。但扩大处罚的种类除法律和行政法规之外，其他法律规范（如地方性法规和规章）都无权突破六类处罚的规定，原已规定又不在这六类处罚范围内的，则应予以修订。

2. 保密行政法规范规定的处罚种类

《行政处罚法》列举的六类处罚形式，在保密行政法规范都有规定，而且保密行政法规范的处罚种类也都属于这六类处罚之中。但是处罚种类的具体名称与处罚法所规定的相应名称并非完全一致，而且每类处罚的主体并不相同，也就是说不同的执法主体有权实施的处罚形式是不同的，所有这些都必须严格遵循法律规范的相关规定。当然，从立法上看，有关保密行政处罚种类的规定尚存在不足，尤其是《保密法》作为保密工作管理领域的一部基本法律，尚未创设任何种类的行政处罚。同时，保密工作部门作为保密工作的主管行政机关，其有权实施的处罚种类比较少。这些都是有待于理论上的深入研究和立法上的进一步完善。下面根据保密行政法规范的规定，结合理论与实践对保密行政处罚的种类作些分析。

（1）关于警告。警告可以适用于程度较轻的保密行政违法行为人，可由保密工作部门适用，也可由其他保密行政执法主体适用。

（2）关于罚款。罚款作为对贪利型的违法行为人进行经济制裁的一种处罚形式，已被广泛适用于各个行政管理领域。但是，在保密行政法规范的规定中，只有在《印刷、复印等行业复制国家秘密载体暂行管理办法》第28条授权工商行政管理机关对不按规定向保密工作部门办理注册备案手续的营业性印刷、复印等行业的企业和个体工商户可处以五千元以下罚款，另在《关于邮寄或非法携运国家秘密文件、资料和其他物品出境的规定》第9条中以“准用性规范”的形式对罚款作了间接性规定，即该《出境规定》第9条规定：“对违反本规定有关条款，邮寄或非法携运属于国家秘密的文件、资料和其他物品出境的，海关依据《中华人民共和国海关法》和《中华人民共和国海关法行政处罚实施细则》的有关规定，对当事人予以处罚，……。”而《海关法》及《海关法行政处罚实施细则》中规定海关对这种违法行为可以处以罚款处罚。可见，从已有的保密行政法规范来看，只有工商行政管理机关和海关才能对有关保密行政违法行为人处以罚款，其他执法主体是无权处以罚款的。从理论上讲，保密工作部门作为保密工作的主管部门，对某些贪利性的违法行为人处以罚款也是可行和必要的，这尚待立法的规定。

（3）关于没收。《保密法实施办法》第34条规定：“因泄露国家秘密所获取的非法收入，应当予以没收并上交国库。”没收已为《行政处罚法》明确确定为行政处罚的种类，对于因泄露国家秘密获取的非法收入予以没收应该说是属于一种行政处罚。至于其处罚主体有待于立法的进一步完善，即明确地授权哪些机关、单位有权没收。作为保密行政处罚的没收除了没收因泄密所获取的非法收入之外，还包括没收其他非法物品，如非法复制品，非法持有的属于国家秘密的文件、资料和其他物品、以及泄密所使用的物品或工具等，这些没收措施，现有的保密行政法规范已作了明确规定，如《印刷、复印等行业复制国家秘密载体暂行管理办法》第27条第1款以及《海关法行政处罚实施细则》的有关规定等。

(4) 关于责令停产停业。从已有的保密行政法规范的规定来看,《印刷、复印等行业复制国家秘密载体暂行管理办法》第27条所规定的“责令停止复制活动”,属于这类处罚形式。

(5) 关于吊销证照。这类处罚,在上述《管理办法》中也有规定,该管理办法第25条规定,工商行政管理机关可以吊销有关企业、个体工商户的营业执照,保密工作部门可以吊销有关定点复制单位的《国家秘密载体复制许可证》。另外,保密工作部门还可以颁发《国家秘密载体准印证》、《国家秘密载体出境许可证》等,保密行政法规范虽未规定是否可由保密工作部门吊销,但在理论上却是可由保密工作部门吊销的。

(6) 关于行政拘留。《国家安全法》第28条规定:“故意或过失泄露有关国家安全工作的国家秘密的,由国家安全机关处十五日以下拘留。”

(三) 保密行政处罚的设定

行政处罚的设定和实施是行政处罚法所要解决和规范的两个主要问题,也是构成行政处罚法的两个基本内容。所谓行政处罚的设定,是指国家机关依职权和实际需要,在有关法律、法规或规章中,自行创设和规定行政处罚的权力。它与行政处罚的实施不同,行政处罚的设定所要解决的是谁有权创设和规定行政处罚或行政处罚设定权的分配问题,属于一种立法性行为;行政处罚的实施则是如何具体贯彻落实业已创设的行政处罚规范,属于执法性行为。设定处罚是实施处罚的前提,法律规范没有设定相应的处罚就不得实施相应的处罚。为了合理地分配处罚的设定权,保证行政处罚在现实生活中得以统一、有效、正确的实施,《行政处罚法》对处罚的设定问题作了原则性地规定,这种原则性的规定既是有关行政处罚立法,也是执法的依据。无论何种领域的行政处罚在立法上和执法中都不得与之相抵触,否则就是无效。

1.《行政处罚法》关于行政处罚设定的原则性规定

《行政处罚法》针对法律、法规和规章等不同效力层次的法律文件分别规定了他们的处罚设定权限。

(1)法律的设定权。法律是由国家最高权力机关即全国人民代表大会及其常务委员会制定的,它可以设定任何种类和形式的处罚。同时,对限制人身自由的行政处罚,则只能由法律设定,法规、规章都无权设定。这是由于限制人身自由的行政处罚是影响公民人身自由的一种最严重的处罚,因而处罚法对此种处罚作了严格限定,不能使之滥设。

(2)行政法规的设定权。行政法规是国家最高行政机关即国务院制定的,除了不能设定限制人身自由的处罚之外,它可以设定其他各种处罚。但如果法律对行政处罚已作了规定,需要行政法规作出具体规定的,行政法规必须在法律规定的范围内作出具体规定,不能超出法律已规定的限度。

(3)地方性法规的设定权。地方性法规是有权的地方权力机关制定的,它可以设定限制人身自由、吊销企业营业执照之外的其它各种行政处罚。还可以在法律、行政法规规定的范围内作出具体规定,但不能超出法律、行政法规已规定的限度。

(4)行政规章的设定权。行政规章是国务院各部委和地方人民政府所制定的规范性文件。由于规章的种类多,数量大,法律效力的层级也相对较低,为了防范规章对处罚设定过多过滥,处罚法规定，在法律、法规对处罚已作规定的情况下，规章只应在法律、法规的范围内作出具体规定；法律、法规未作规定的，规章可以设定警告或一定数量的罚款这两种行政处罚。

除以上四种规范性法律文件之外，其他规范性文件不得设定任何种类的行政处罚。

（四）保密行政处罚的实施

保密行政处罚的实施是保密行政执法主体对违反保密行政法规范的行为人依法具体给予相应的处罚的活动。它是与保密行政处罚的设定相对应的另一个基本问题。这一问题涉及保密行政处罚的实施机关、管辖、适用及实施的程序等具体问题。

1. 保密行政处罚的实施机关

保密行政处罚的实施机关也就是有权实施保密行政处罚的机关，但不等同于保密行政处罚的主体。根据《行政处罚法》和有关保密行政法规范的规定，保密行政处罚的实施机关包括以下三类：

（1）具有法定处罚权的行政机关。包括各级保密工作部门及其他行政机关，它们经过保密行政法规范的明确规定，具有保密行政处罚的实施权，是保密行政处罚最主要的实施机关。

（2）保密行政法规范授权的组织。除有关行政机关之外，其他非行政机关的组织，在得到保密行政法规范的专门授权的情况下也可以成为保密行政处罚的实施机关。

（3）受有保密行政处罚权的行政机关委托的组织。非行政机关的组织，除了得到保密行政法规范授权的情况下可以实施处罚外，还可以经有权机关的委托实施处罚，成为保密行政处罚的实施机关。当然，授权和委托，被授权的组织和受委托的组织是不同的，前者具有独立的主体资格，后者则不具有主体资格，它尽管具有处罚的实施权，但只是以委托机关的名义代替该机关实施处罚，处罚的法律后果应由委托机关承担。另外，根据《行政处罚法》第18条的规定，有权的行政机关必须依据法律、法规或规章的明文规定才能进行委托，如果没有明文规定，不得自行委托。从现行保密行政法规范的规定来看，尚无此规定。至于何种情况下，有保密行政处罚权的行政机关可以进行委托，也有待于立法上的进一步规定。

2. 保密行政处罚的管辖

保密行政处罚的管辖，是保密行政处罚的实施机关之间对保密行政违法案件实施处罚时的权限分工。也就是说，一旦发生泄密事件或其他违反保密行政法规范的案件，应由哪个机关来进行查处。这是实施保密行政处罚必须解决的前提问题，目的在于防止相互推诿或彼此相争而难以及时、有效、准确地查处违法行为。按照《行政处罚法》和有关保密行政法规范的规定，结合管辖理论，保密行政处罚的管辖包括职能管辖、地域管辖、级别管辖和指定管辖等几种情况。

（1）职能管辖。狭义上的保密行政处罚仅指作为专管性保密行政执法机关的保密工作部门实施的行政处罚，所以不存在着职能管辖。但广义上的保密行政处罚是就违法行为而言的，只要是属于对违反保密行政法规范的行为实施的处罚即为保密行政处罚。这样，有权实施保密行政处罚的机关则不仅限于专管性保密行政执法机关，还包括兼管性保密行政执法机关。那么，不同的兼管性保密行政执法机关如海关和国家安全机关之间，由于其主管的业务不同，其相应的处罚权就不同，因而就存在着职能管辖问题。从原则上来看，专管性保密行政执法机关可对其管辖范围内的保密行政违法案件都有权进行查处；而兼管性保密行政执法机关只能对与其管理职能或业务工作有关的保密行政违法案件进行查处。譬如，海关只能就海关监管中有关的保密行政违法案件如非法携带保密载体出境等进行查处。

(2) 地域管辖。这是指同级同职能但在不同地区的保密行政执法机关之间在实施保密行政处罚或查处保密行政违法案件上的权限分工。如某市甲区保密局与该市乙区保密局属于同职能或同性质且为同级别的保密工作部门，他们在查处某一保密行政违法案件上权限分工即为地域管辖。对于地域管辖，《行政处罚法》明确规定，行政处罚由“违法行为发生地”的行政机关管辖，即对于违法案件，由违法行为发生地的行政机关实施行政处罚，违法行为发生在何地，就由当地有处罚权的行政机关管辖。当然，这只是一个原则性规定，“法律、行政法规另有规定的除外。”从现有的保密法律、行政法规的规定来看，对地域管辖问题并无例外的规定，所以保密行政处罚的地域管辖应遵循《行政处罚法》关于行政处罚地域管辖的原则性规定，即由保密行政违法行为发生地的保密行政执法机关来查处该违法案件。

(3) 级别管辖。这是指不同级别的保密行政执法机关在实施保密行政处罚或查处保密行政违法案件上权限分工。《行政处罚法》规定，对违法行为，由“县级以上地方人民政府”实施行政处罚。这就是说，行政处罚管辖在级别上只能是县级以上地方人民政府及其职能部门，县级以下的行政机关就无权实施行政处罚（法律、行政法规另有规定的除外）。但对于县级以上的行政机关之间的处罚权限分工问题,《行政处罚法》则未作规定,这就必须由单行法律、法规或规章来加以明确。就有关保密行政法规范的规定来看,目前只有国家保密局《泄密事件查处办法》就泄密事件的查处分工在级别上作了具体规定。即该办法就国家保密工作部门,省、自治区、直辖市保密工作部门及中央、国家机关各部门的保密工作机构组织参与查处泄密事件方面分别作了分工规定。

(4)指定管辖。这是指上级机关以决定的方式指定下一级机关对某一行政处罚行使管辖权。通常是由于两个以上的机关对处罚管辖发生争议或因特殊情况无法行使管辖权时,才由上级机关指定由谁来管辖。《行政处罚法》规定,对管辖发生争议的,应当报请它们的共同上一级机关指定管辖。

3. 保密行政处罚的适用

保密行政处罚的适用是指保密行政处罚的实施机关在实施保密行政处罚的过程中如何具体适用有关保密行政法规范规定的处罚罚则来进行处罚。《行政处罚法》就行政处罚适用中的下列问题作了明确规定,保密行政处罚同样要遵循这些规定。

(1)适用规则

《行政处罚法》规定,行政处罚的适用应遵循下列规则:

①责令改正。《行政处罚法》第23条规定,“在实施行政处罚时,应当责令当事人改正或者限期改正违法行为。”这里的“责令改正”目的在于纠正违法和防范违法,其本身并不具有惩戒性,所以不是一种行政处罚。但在实施行政处罚时,凡是违法行为能够改正的,就应责令当事人予以改正,以消除违法行为造成的不良后果。保密行政处罚同样如此,尤其在查处泄密

事件时，应责令有关机关、单位及时予以整改。

②一事不再罚。《行政处罚法》第24条规定，“对当事人的同一违法行为不得给予两次以上罚款的行政处罚。”这是针对罚款的适用进行的专门性规定，以避免重复罚款，乱罚款的问题。在保密行政处罚中，遇到罚款的适用同样应遵循这一规则。

③罚刑合并。这是指当同一违法行为构成犯罪时，行政处罚与刑罚处罚应合并适用，而不能以罚代刑。如前所述，行政处罚与刑罚处罚是两种性质、功能及种类都不相同的法律制裁形式，因此两者是不能相互代替的，尤其是不能以罚代刑。当同一违法行为既违反行政法规范，同时又触犯了刑律，构成了犯罪时，实际上就构成了行政违法行为与犯罪行为的竞合问题，这两种不同性质的违法行为的竞合必然会引起其责任和处罚的竞合。或者说同一违法行为在性质上不仅是行政违法且构成犯罪，这种行为的双重违法性，必然引起其责任和处罚的双重性，因此尽管是同一违法行为但既要适用行政处罚又要适用刑罚处罚。

在保密行政处罚中也会遇到这种情况的发生，譬如，故意或者过失泄露国家秘密的行为，达到一定严重程度又是犯罪行为。对于这种行为不仅应适用行政处罚也应追究刑事责任。当然，在具体合并适用两种处罚时应视不同情况具体对待。对于违法行为已给予了行政处罚，如果是罚款或拘留，人民法院又判罚金或拘役、有期徒刑的，应以罚款的数额和拘留的时间折抵相应的罚金数额和相应的刑期；对于违法行为已被判刑，如果判处的是罚金，就不应再给予罚款，如果判处的是拘役或徒刑，也不应再给予拘留；对于违法行为给予处罚种类与所判刑罚并不相类似，如对违法行为给予的仅是罚款，而人民法院仅判的是徒刑未予罚金，或对违法行为给予的仅是拘留，而人民法院仅判罚金而未判拘役或徒刑，则两者各自都应适用，既不能相互折抵，也不能相互代替。

（2）量罚情节

量罚情节，是指处罚的实施机关对违法行为据以裁量决定是否给予处罚、给予何种处罚及处罚轻重应考虑的各种情况。包括应予处罚、不予处罚或免予处罚的情节、从轻或减轻处罚的情节、从重或加重处罚的情节等。《行政处罚法》仅就不予处罚、从轻或减轻处罚的情节作了规定。它们在适用保密行政处罚时也是应该予以考虑的情节。

①不予处罚的情节。《行政处罚法》规定有下列情况之一的，不予处罚：第一，不满 14 岁的未成年人，这是从责任年龄方面予以考虑的；第二，精神病人在不能辨认或者不能控制自己行为时有违法行为的，这是从责任能力方面予以考虑的；第三，违法行为轻微并及时纠正没有造成危害后果的，这是从违法行为的程度、危害后果和悔过态度等三方面来考虑的；第四，超过追罚时效的，如果违法行为超过法定的时效，也不再予以处罚。

②从轻或减轻处罚的情节。从轻处罚是指在法定的处罚幅度内就轻或就低予以处罚，但是不能低于法定处罚幅度的最低限度；减轻处罚则是指在法定处罚幅度的最低限度以下给予处罚。《行政处罚法》规定有下列情况之一的，可以从轻或减轻处罚：第一，已满 14 岁不满 18 岁的人有违法行为的；第二，主动消除或减轻违法行为危害后果的；第三，受他人胁迫有违法行为的；第四，配合行政机关查处违法行为有立功表现的；第

五，其他法定情形。

（3）追罚时效

追罚时效，即行政处罚的时效制度，又称追责时效，是指对违法行为追究行政处罚责任的法定有效期限。如果超过这个期限，就不得再实施行政处罚。《行政处罚法》第 29 条规定，违法行为在 2 年内未被发现的，不再给予行政处罚，法律另有规定的除外。也就是说，行政处罚的追罚时效原则上是 2 年，法律另有规定的除外。目前，有关保密行政法规范对保密行政处罚的追罚时效尚未作规定，因而应依《行政处罚法》所规定的 2 年为其追罚时效。对 2 年计算方法是：从违法行为发生之日起计算 2 年时效，如果违法行为有连续状态或继续状态的则要从行为终了之日起计算 2 年时效。

（五）保密行政处罚的程序

保密行政处罚的程序，是指保密行政处罚的实施机关实施保密行政处罚所应遵循的具体方式和步骤。《行政处罚法》将行政处罚的程序分为简易程序、一般程序和听证程序，并作了较为详细的规定。根据保密行政法规范的有关规定，结合保密行政处罚的实际情况，保密行政处罚的程序也可以分为这三个方面的程序来加以分析。

1. 简易程序

简易程序是当场实施处罚的一种简便程序，又称为当场处罚程序。这种程序手续简便、时间快、效率较高，但只能针对案情简单、清楚，处罚较轻的违法案件才适用。依照《行政处罚法》的规定，适用简易程序处罚的违法案件应当同时具备以下条件：第一，案情方面，违法事实确凿。即违法事实简单、明了、清楚，证据确凿充分，无需作进一步调查取证，就足以证明违法行为的存在。第二，处罚依据方面，有法定依据。即对此类违法行为实施处罚已有明确的法律依据。第三，处罚程度上，对公民处以50元以下罚款或警告，对单位是处以1千元以下的罚款或警告。除此以外的处罚即使违法事实确凿且有法定依据，也不得适用简易程序。简易程序或当场处罚的具体步骤包括：

(1) 表明身份。即执法人员首先要向当事人出示执法身份证件，以表明自己的执法身份。

(2) 说明理由。在表明身份之后，填写处罚决定之前，应向当事人说明处罚的事实、理由、依据，并给予当事人陈述和申辩的机会，听取当事人的意见。

(3) 填写处罚决定书。当场处罚无需进行调查，而是直接填写预定格式、编号的处罚决定书。

(4) 交付处罚决定书。处罚决定书填写完后，应当场交付给当事人。

(5) 事后备案。填写的处罚决定书应一式两份，一份交当事人，另一份报所属机关备案。

2. 一般程序

一般程序，又称普通程序，是指对一般违法案件实施处罚所普遍适用的基本程序。相对于简易程序而言，这种程序严格、复杂一些，适用也广泛得多。具体包括：

(1) 立案。立案即案件的确立，是指处罚实施机关对所发现的、认为需要给予处罚的违法行为，将其登记并确立为应受调查处理的案件的活动。立案的案件来源有多种情况，如现场发现违法行为的；有关单位、个人报告或举报的；上级机关交办的，等等。立案应填写专门格式的《立案报告表》，并指派专门的承办人员负责案件的调查工作。对于泄密事件，在接到有关单位、个人的报告后应填写《泄密事件报告表》，并迅速采取相应的补救措施。

（2）调查取证。调查取证是指案件承办人员即办案人员对案件事实调查核实、收集证据材料的活动。立案后，办案人员必须对案件进行全面、客观、公正的调查并收集有关证据材料。调查的手段包括：询问当事人和证人；提取物证、书证；进行现场勘验、检查和保密鉴定等。另外，根据《行政处罚法》的规定，收集证据时，根据需要可以采取抽样取证的措施；在证据可能灭失或以后难以取得的情况下，可对有关证据采取先行登记保存证据的措施。

（3）审查决定。案件调查终结以后，办案人员要准确适用法律，提出有关事实结论和处理结论的书面意见，报机关负责人予以审查。经审查后，根据不同的情况，分别作出不同的处理决定：——第一，处罚决定。经审查，认为确有应受处罚的违法行为的，根据情节轻重及具体情况，作出处罚决定。第二，不予处罚决定。违法行为轻微，依法可以不予处罚的，作出不予处罚决定。但是，如果需要给行政处分的，应给予行政处分。第三，撤案决定。违法事实不能成立的，不得给予处罚，应作出撤销案件的决定。第四，移送决定。违法行为已构成犯罪的应作出移送司法机关先行处理的决定；需要由其他机关处罚或处分的，也应作出相应的移送决定。

（4）制送处罚决定书。对于作出处罚决定的在决定之前，应告知当事人处罚的事实、理由和依据，并认真听取当事人的陈述和申辩。在作出处罚决定之后，必须制作书面形式并符合法定格式的处罚决定书。处罚决定书应载明下列事项：①当事人的姓名或者名称、地址；②违反法律、法规或者规章的事实和证据；③行政处罚的种类和依据；④行政处罚的履行方式和期限；⑤不服处罚决定，申请行政复议或者提起行政诉讼的途径和期限；⑥作出处罚决定的机关的名称和作出决定的日期，并加盖作出处罚决定机关的印章。处罚决定书制作后，应当对当事人宣告并当场交付给当事人。如果当事人不在场，应在7日内依民事诉讼法的有关规定，根据情况以直接送达、留置送达、转交送达、委托送达、邮寄送达或公告送达等方式送达给当事人。

3. 听证程序

《行政处罚法》专门规定了一种听证程序，但这并非是独立于前两种程序之外的一种程序，而一般程序中的一个特别步骤，相当于上述在作出处罚决定之前听取当事人的陈述和申辩即听取当事人的意见。广义上的听证就是听取意见之意，只不过这里所说的听证并非一般的听取意见而是在作出处罚决定之前以举行专门听证会的形式听取当事人的陈述和申辩的活动，即属于一种正式的听证。正由于它是一种正式的听证，因而没有必要也不可能在每个行政处罚中都适用这种程序，只是在几种重大的处罚中才适用听证程序。根据《行政处罚法》的规定，适用听证程序必须同时符合下列条件：第一，作出重大处罚的，包括责令停产停业、吊销许可证或执照和较大数额的罚款这三种处罚。这三种处罚在保密行政处罚中均可能出现，因此也要适用听证程序。第二，有当事人的要求。在作出上述三种处罚决定之前，应告知当事人有要求举行听证的权利，如果当事人不要求举行听证的，也可不组织听证；但如果当事人要求举行听证的，则必须组织听证。听证程序具体包括以下三阶段：

（1）准备阶段。在听证会举行之前要做好一系列准备工作，如告知当事人听证的权利；通知举行听证的时间、地点；指定听证主持人等。值得注意的是，保密行政处罚一般要涉及国家秘密，所以不得公开进行。

（2）举行阶段。听证会的举行大致可按如下步骤进行：首先，由听证主持人宣布听证会开始，包括宣布听证事项、查明当事人身份、告知当事人有申请回避的权利等。其次，由案件调查人员宣读指控书，提出当事人违法的事实、证据和处罚建议。再次，由听证举持人询问当事人、证人和其他有关人员并出示有关证据材料，以查清这些证据的真实性。复次，由当事人针对所指控的事实和相关问题进行申辩和质证。最后，由调查人员和当事人就本案有关的事实和法律问题进行相互辩论。辩论结束后，当事人还有最后陈述的权利。整个听证会的举行，应有专门的书记员制作听证笔录，这也是用作定案的重要证据之一。

（3）处理阶段。听证结束后，由处罚机关依不同情况作出不同的处理决定，包括前述处罚决定、不予处罚决定、撤案决定和移送决定等。

第五节　保密行政强制

保密行政执法机关为了保守国家秘密，维护国家的安全和利益，可以利用法律所授予的多种手段，包括强制性手段。保密行政强制在保密行政执法中是必不可少的手段。

一、保密行政强制概述

保密行政强制，是指保密行政执法机关利用强制手段直接对相对人的人身、财产及有关物品予以强行处置的一种执法行为。保密行政强制的本质特点在于“强制性”。而且这种强制性是国家强制力的直接体现，表现为保密行政执法机关运用强制手段，直接作用于相对人的人身、财产及有关物品，对相对人的权利和义务直接产生法律效果，是一种“直接的强制性”。这正是保密行政强制不同于保密行政处理的最主要的区别。保密行政处理只表现为一种处理决定的作出，至于该决定的实现问题，可能一经作出就自动实现，也可能是义务主体自觉履行义务而使之得以实现，总之，该行为本身并不具有直接强制性，而是以国家强制力为后盾，只有在相对人不履行义务时才动用国家强制力。正是由于保密行政强制具有直接强制性，对相对人的权益产生较大的影响，因而法律上一般对其实施条件、实施原则以及实施程序等规定比较严格，而且实施的主体资格也必须由法律、法规或者规章的特别授权。也就是说保密行政强制必须由法定的保密执法机关严格依法予以实施。保密行政强制包括保密行政强制措施和保密行政强制执行两种基本类型。

二、保密行政强制措施

（一）保密行政强制措施的概念

对于“行政强制措施”这一概念，在行政法学上存在着不同的理解。在性质上，有的将其理解为一种“行为”，有的将其理解为“措施”，即采取强制行为的各种具体方式或手段；在范围上，有的将其等同于行政强制行为，即包括所有的行政强制，有的则将其仅限于行政强制中的一种，即暂时性强制行为。而将行政强制措施理解为一种暂时性强制行为，则属于行政法学上的一种通说。因此在此采用这种通说的观点。

具体而言，保密行政强制措施，是指保密行政执法机关为预防或制止可能或正在发生的泄密违法行为或危害状况而依法采取的暂时性强制行为。

保密行政强制措施的目的在于预防或制止危害国家秘密安全行为的发生，具有预防性和制止性。通常将以预防为目的的强制措施称为“强制预防”；把以制止为目的的强制措施称为“强制制止”。

保密行政强制措施在适用上还具有紧迫性和暂时性。所谓紧迫性，是指它一般适用于紧急情形，不及时采取强制就不足以预防或制止危害国家秘密安全行为的发生。所谓暂时性，又称即时性，是指这种强制行为是即时作出即时执行的，中间无任何间歇，一般也无需遵循严格的程序，只要符合法定条件即可直接适用。

（二）保密行政强制措施的种类

行政强制措施按其对象的不同，一般可分为对人身的强制措施和对物品的强制措施。

前者如对人身的强行约束、人身搜查、人身检查、人身扣留等；后者如对财产的查封、扣押、冻结等。无论是对人身还是对财产或物品的强制措施都必须有法律的授权，并严格依照法律的规定办事,法无明文规定是不得采取行政强制措施的。根据保密行政法规范的有关规定，保密行政强制措施主要有：

1. 搜查。如《国家安全法》第29条规定:“对非法持有属于国家秘密的文件、资料和其他物品的，以及非法持有、使用专用间谍器材的，国家安全机关可以依法对其人身、物品、住处和其他有关地方进行搜查”。

2. 扣留。如《关于禁止邮寄或非法携运国家秘密文件、资料和其他物品出境的规定》第10条规定：“邮寄或携运出境的文件、资料和其他物品，虽无密级标志，但海关认为其涉嫌涉及国家秘密时，有权将其扣留或移交查扣地的地市级（含）以上政府保密工作部门，由有密级鉴定权的保密工作部门或机构进行鉴定”。

3. 登记保存。根据《行政处罚法》第37条的规定，行政机关在证据可能灭失或者以后难以取得的情况下，经行政机关负责人批准，可以采取先行保存证据的强制措施。据此，保密行政执法机关在查处违法案件中也可采取这种强制措施。

可见，我国现行法律、法规或规章规定可由保密行政执法机关采取的保密行政强制措施是非常有限的。而且作为保密工作主管部门的保密工作部门尚无法律的专门授权。我们认为,保密工作部门在查处泄密事件的过程中，为了控制或减少危害后果的发生或进一步扩大，及时维护国家安全和利益，授权其采取相应的强制性保密措施不仅是可行的也是必要的，因而这方面有待于立法的进一步完善。

三、保密行政强制执行

（一）保密行政强制执行的概念

保密行政强制执行，是指保密行政执法机关依法采取强制方法，迫使拒不履行义务的相对人履行其保密义务的执行性强制行为。

保密行政强制执行的目的在于迫使拒不履行义务的相对人履行其义务，这种义务的产生可以是法律明确规定的义务，也可是保密行政处理决定确定的义务，且主要是后一种义务。强制相对人履行保密行政处理决定确定的义务，实际上就是保证保密行政处理决定的执行或实现，因而保密行政强制执行与保密行政强制措施的本质区别在于两者的目的不同，前者是为了保证保密行政处理决定的切实执行，具有“执行性”；后者则是为了预防和制止危害行为的发生，具有“预防性”和“制止性”。

同时，保密行政强制执行在适用上也与保密行政强制措施不同。后者在适用上具有“紧迫性”和“暂时性”，而保密行政强制执行并非在紧急情况下采取的，它的适用是以相对人拒不履行法定的义务或者保密行政处理决定所确定的义务为前提条件，也就是说只有存在着相对人拒不履行义务时才能采取。所谓“拒不履行”，既有客观上的不履行行为，也有主观上的不愿意；如果客观上已经履行了或主观上愿意履行但由于不可抗力的原因造成不能履行的，均不发生强制执行的问题。

（二）保密行政强制执行的方法

关于保密行政强制执行的方法，可以依照《行政处罚法》的规定执行。《行政处罚法》对行政处罚决定的强制执行问题作了明确规定。根据《行政处罚法》第51条的规定，当事人逾期不履行行政处罚决定的，作出处罚决定的机关可以采取下列强制执行的方法或措施：

1. 加处罚款。即当事人到期不缴纳罚款的，处罚机关可以每日按罚款数额的3%加处罚款。这里的“加处罚款”，其性质是一种执行性罚款，又称“执行罚”，它与行政处罚中的罚款存在着相同之处，即都是对相对人科以一定的金钱给付义务，但在性质上和目的上是有本质区别的。首先，执行罚不是一种制裁手段，不是对违法行为实施处罚；其次，执行罚的目的不在科以金钱给付义务，而是以此促使被执行者履行义务；再次，执行罚可以反复使用，直到相对人履行义务为止，而不受“一事不再罚”原则的限制。

2. 强制拍卖和强行划拔。即根据法律的规定，将查封、扣押的财物拍卖或将冻结的存款划拨抵缴罚款。这是对相对人的财产采取的一种直接强制执行的方法。采取这种方法必须有法律的明确规定。

3. 申请人民法院强制执行。上述两项执行措施可由行政机关自行依法采取，如果需要采取其他执行措施的，则可申请人民法院采取相应的执行措施强制相对人履行行政处罚决定。

第五章　保密行政执法监督

行政执法的运作即一种执法权力的行使，“有权力必有制约”，以确保权力在既定的范围内和预定的轨道上运行，以防止权力的滥用和越轨。行政执法监督就是对行政执法的一种法律制约机制，为了防止行政执法主体及其执法人员滥用执法权力，促使其合法、高效地实施执法活动，必须建立健全行政执法监督机制，这是行政执法的第三个环节，也是一项完善的行政执法制度所不可缺少的重要环节。

第一节　保密行政执法监督概述

一、保密行政执法监督的概念

所谓保密行政执法监督，是指有关国家机关及其他组织和个人依法对保密行政执法机关及其执法人员的执法活动实施的一种监督制约机制。保密行政执法监督与保密行政监督检查不同，前者是对保密行政执法机关及其执法人员的监督，后者则是保密行政执法机关对保密行政相对人的监督，它们在监督主体、对象、内容和性质等方面都存在着根本的区别，可以说它们是两类完全不同的监督，因此不能将两者相混淆。

保密行政执法监督的概念表明，它具有如下特征：

（一）监督主体广泛多样

可以对保密行政执法机关及其执法人员的执法活动进行监督的主体是极为广泛的。不仅有关国家机关，而且其他有关组织和个人包括政党、社会团体、企事业单位、社会舆论、公民个人等，都依法享有一定的监督权力或权利。只不过有关国家机关的监督是一种国家监督，即代表国家依法定权力实施的一种法律监督，具有法律意义，并产生一定的法律后果。而非国家机关的其他组织和个人所实施的监督并不直接发生法律效力，因此不是法律监督而属于民主监督或社会监督，严格地说这种监督不是法学研究的范畴。

（二）监督对象集中明确

保密行政执法监督的对象包括保密行政执法机关和保密行政执法人员，对象十分集中明确。至于依法拥有执法权力的非保密行政执法机关的组织，包括被授权的组织和受委托的组织及其工作人员，则可视同保密行政执法机关及其执法人员对待，也属于保密行政执法监督的对象。而不拥有执法权力的其他组织和个人，如保密行政执法机关之外的其他国家机关、企事业单位、社会团体和一般公民等均不属于保密行政执法监督的对象。当然，这些组织和个人进行涉及国家秘密的活动时，其是否符合保密行政法律规范的规定，是否履行保密义务等，也要受到监督。但这种监督属于保密行政监督检查或保密监督检查的范畴，而不属于这里所研究的保密行政执行监督，我们必须严格理清它们的关系。

（三）监督范围规则有限

尽管保密行政执法监督的主体十分广泛，但各类监督主体的监督范围并非无所不包。不同的监督主体，其监督的渠道、途径及范围，法定的权限及规则都是不同的。因此，各主体的监督必须严格依法进行，在法定权限内进行和按照法定的方式和程序进行。尤其是不得借监督的名义任意干预保密行政执法机关及其执法人员的具体执法活动，或干扰其正常的执法活动。由于保密行政执法涉及到国家秘密，因此各主体在监督时应注意保守国家秘密，严格遵守有关法律规定的保密制度。

（四）监督作用控制补救

从监督作用来看，保密行政执法监督具有监督和补救双重作用。对保密行政执法机关及其执法人员来说，是一种监督制度，以防止其滥用执法权力，促使其合法、高效地实施执法活动。而对于有关公民、法人或其他组织来说，则是一种法律补救，尤其是通过行政复议、行政诉讼、行政赔偿等监督机制，纠正违法或不当的执法行为，使受到违法或不当执法行为侵害的公民、法人或其他组织的合法权益得以法律补救。因此，保密行政执法监督是保密行政执法机关与社会沟通的桥梁，也是其实施联系人民群众的重要渠道，同时还是缓和解决保密行政执法中的矛盾，平衡与相对人的法律地位所不可或缺少的手段。

二、保密行政执法监督的体系

根据监督主体的不同，保密行政执法监督可分为党的监督、国家监督和社会监督，它们又分别包括不同类型的监督，从而构成了整个保密行政执法监督体系。

（一）党的监督

党的监督，是指作为执政党的中国共产党对保密行政执法的监督。实行并坚持中国共产党对国家的领导，是我国宪法所确认的根本原则。领导权当然包括监督权在内，无监督权的领导权往往是徒有虚名的领导权。党对保密行政执法的监督主要包括两个方面：

1. 对保密行政执法机关及其执法人员贯彻执行党的保密工作的方针、政策的监督；

2. 对于保密行政执法机关中的党员干部的遵纪守法行为进行监督，并对违法违纪的党员干部予以党纪处分。

（二）国家监督

国家监督是指有关国家机关依法实施的监督。这类监督依法具有国家约束力，能够直接产生相应的法律效果，通常又称为法律监督或有权监督。国家监督具体又包括以下不同的监督：

1. 权力机关的监督。即全国人民代表大会及其常委会和地方各级人民代表大会及其常委会的监督。根据有关规定，权力机关可以通过如下方式对保密行政执法行为实施监督：

（1）调查。即对保密行政执法中出现的某种特定问题和重大的违法事件进行调查，并作出处理。

（2）质询和询问。所谓质询，是指对保密行政执法中认为不满意的事项进行质问，要求该执法机关在法定时间内正式作出答复的活动。询问则是要求保密行政执法机关回答一些不清楚的事项或问题，比质询简单、灵活。

(3) 视察和检查。即通过座谈会、个别交流、现场观察等方式，了解保密行政执法情况，提出批评和建议。

(4) 办理来信来访中有关保密行政执法的问题。

2. 行政监督。这些指保密行政执法机关系统内部的上级机关对下级机关，以及政府系统内部设立的专门监督机关如行政监察部门、行政复议机关等，对保密行政执法行为所实施的监督。因而这类监督又包括层级监督、行政监察和行政复议等。这是一种十分重要的执法监督。

3、司法机关的监督。这主要是国家审判机关即人民法院通过行政诉讼的方式所实施的监督。

(三) 社会监督

社会监督，是指来自国家机关之外的其他社会组织和个人对保密行政执法的监督。这类监督不具有国家约束力和强制力，不能直接产生相应的法律效果。它只有与有关国家机关的监督相结合，即社会组织和个人提出的监督意见批评和建议被有关国家机关采纳以后，由有关国家机关出面去处理时，才能获得国家强制力，并从而依法产生相应的法律后果。当然，决不能因此低估这种监督的作用，它对于启动有关国家机关的监督往往具有十分重要的作用。社会监督具体又包括以下两类监督：

1. 社会组织的监督。这是指各民主党派及其他社会团体、企事业单位对保密行政执法的监督。其监督的方式包括提意见、批评、建议、控告、检举、申诉等。

2. 公民个人的监督。公民对国家机关及其工作人员实施监督，是宪法赋予公民的一项基本的政治权利。公民监督的主要形式有：直接向保密行政执法机关提出意见、批评和建议；对于保密行政执法机关的违法失职行为向有关国家机关提出申诉、控告或检举等。

第二节　保密行政执法的行政监督

保密行政执法的行政监督，包括上级保密行政执法机关对下级所进行的一种层级监督，以及政府系统内部设立的专门监督机关对保密行政执法的监督，它包括行政监察和行政复议几种情形。

一、保密行政层级监督

（一）保密行政层级监督的概念

保密行政层级监督，是指上级保密行政执法机关对下级机关及其执法人员的执法行为所实施的一种经常性的监督。这种监督具有以下基本特征：

1. 保密行政层级监督的主体是保密行政执法行为实施者的上级机关。如国家保密工作部门对地方各级政府保密工作部门的执法行为实施的监督。

2. 保密行政层级监督是基于行政隶属关系或层级关系实施的一种监督。也就是说其监督权力来源于上级机关对下级机关的层级领导和管理权。

3. 保密行政层级监督是一种经常性的监督。作为保密行政执法机关的上级机关可以也应当经常地、积极主动地实施监督。一旦发现问题就应该及时地予以纠正。

（二）保密行政层级监督的方式

保密行政层级监督作为保密行政执法机关系统内部的一种经常性的监督形式，其监督方式也应是灵活多样的。但要使各种监督方式规范有效，必须建立相应的制度。根据有关规定和实际情况，我们认为保密行政层级监督可采取下列方式，并建立相应的制度。

1. 报告工作。即听取、审查下级保密行政执法机关的执法情况报告。这是保密行政层级监督的重要方式，它通过下级向上级报告自己的工作情况，来实现上级对下级执法情况的监督。这种监督方式的优点是及时、经常，信息量大；但由于报告是由监督对象自己作出的，又可能会产生失实、片面、报喜不报忧等偏向，因此应注意对其进行认真分析审查。工作报告可以按不同的标准进行如下分类：

(1) 例行性报告与临时性报告。按照现行的行政工作惯例，下级机关都要定期向上级机关汇报工作情况。一般是半年度和全年度提出工作报告。平时根据实际情况或者上级机关的要求，下级机关还需提供不定期的、临时性的工作报告。

(2) 综合性报告与专题性报告。经过一段时期向上级机关综合报告本机关的各方面工作情况，为综合性报告；就某一方面工作或者某一问题的处理向上级机关报告，则属专题性报告。

(3) 知照性报告与答复性报告。知照性报告是指为了让上级机关了解本机关的工作情况而主动提出报告。答复性报告则是下级机关按照上级机关的具体要求，对上级机关布置安排的某些方面工作的执行情况专门提出报告。

2. 执法检查。这是由监督主体主动了解监督对象的执法情况并及时纠正违法不当情况的一种监督方式。它具有深入实际、真实客观的优点。执法检查作为执法监督的一个方式，同保密行政执法机关在执法活动中针对相对人进行的保密行政检查是有显著区别的。但二者在检查内容方面却有某些共同之处，那就是都要检查保密法律、法规、规章的贯彻实施情况，包括取得的成效及存在的问题等。但执法检查的内容又不仅限于此，还包括检查执法机关履行法定职责的情况；执法人员秉公执法，遵纪守法的情况；执法文书、证件的使用、管理情况；执法队伍建设和执法人员有素质状况以及有关执法制度的建立和落实情况等。

3. 审查备案。这是指上级机关对有关保密行政机关的主体资格及其执法行为予以审查或进行备案。包括执法主体资格的审查；重大执法行为的审批或备案等。上级机关可依法主动进行审查，也可由有关执法机关依法主动报上级机关审查批准或备案。

4. 考核惩戒。这是监督主体对保密行政执法人员的具体执法行为进行定期考核，如果发现执法人员的违纪违法行为，则可视情节轻重作出相应的行政处分。如《国家公务员暂行条例》规定国家对公务员的考核和惩戒。广义上的惩戒，也包括对执法机关的违法执法行为予以通报批准和责令其自行改正等。

二、保密行政监察

（一）保密行政监察概述

行政监察是政府系统设置的专司监察职能的监察机关对国家行政机关及国家公务员和国家行政机关任命的其他人员的执

法情况以及违法违纪行为所进行的一种专门监督。建国以来,行政监察作为政府系统内部监督的一种重要形式,一直在政府系统内部监督中发挥着重要作用。1990年国务院发布施行的《中华人民共和国行政监察条例》,使行政监察制度得以正式建立和完善。1997年八届全国人大常委会第二十五次会议又以法律的形式通过并颁布实施了《中华人民共和国行政监察法》(以下简称《行政监察法》),进一步健全和完善了我国行政监察制度。

根据《行政监察法》的规定,国务院监察机关即监察部有权对国务院各部门及其国家公务员的执法行为实施监察;县级以上地方人民政府的监察机关有权对本级人民政府各部门及其国家公务员的执法行为实施监察。这里的执法行为同样应该包括保密行政执法行为。行政监察机关在对各部门及其公务员的保密行政执法行为实施监察时即为一种保密行政监察。根据《行政监察法》的规定和保密行政执法的实际需要,应当逐步建立健全保密行政监察制度。不仅各级行政监察机关应该充分行使自己的职能,重视并发挥对保密行政执法的监察作用,而且各部门及其公务员在实施保密行政执法行为时也应该积极主动地接受监察机关的监察。保密行政监察无疑应是整个行政监察制度中的重要组织部分,也是整个保密行政执法监督体系中的重要环节。

此外,根据《行政监察法》的规定,县级以上各级人民政府监察机关根据工作需要,经本级人民政府批准,可以向政府所属部门派出监察机构或者监察人员。我们认为,向政府所属部门派出的监察机构或监察人员对该部门的保密行政执法行为同样应予以加强监察。另外,尽管目前各保密工作部门基本上尚未派驻监察机构或监察人员，但随着保密行政执法制度的进一步建立和完善，以及保密行政执法任务的增强，根据实际需要，行政监察机关也可逐步向相应的保密工作部门派驻监察机构或监察人员，以加强对各保密工作部门的保密行政执法行为的监察。

总之，无论是在保密工作部门还是在政府其它有关部门都应建立健全保密行政监察制度，以充分发挥行政监察对保密行政执法行为的监察功效。

（二）保密行政监察的方式

根据《行政监察法》的规定，行政监察机关实施行政监察的方式主要有执法检查和违纪调查等方式，这同样适用于保密行政监察。

1. 执法检查。这是指行政监察机关对有关行政机关的保密行政执法行为进行有计划、经常性的检查了解。其具体程序包括：（1）对需要检查的事项予以立项；（2）制定检查方案并组织实施；（3）向本级人民政府或者上级监察机关提出检查情况报告；（4）根据检查结果，作出监察决定或者提出监察建议。根据《行政监察法》的规定，行政监察机关在执法检查中有权采取下列措施：（1）查阅、复制与监察事项有关的文件、资料、财务帐目及其他相关材料；（2）要求被监察部门和人员就监察事项涉及的问题作出解释和说明；（3）责令被监察部门和人员停止违法违纪行为。

2. 违纪调查。这是指行政监察机关对有关国家行政机关及其执法人员在实施保密行政执法活动中存在的违纪违法行为进行立案调查。它是对于在对保密行政执法活动进行执法检查或通过其他方式如检举、控告等发现有关行政机关及其执法人员有违法违纪的行为时立案进行的一种专门调查活动。其具体程序包括：(1) 对需要调查处理的事项进行初步审查；认为违反行政纪律的事实，需要追究行政纪律责任的，根据事实予以立案；(2) 组织实施调查，收集有关证据；(3) 有证据证明违反行政纪律，需要给予行政处分或者作出其他处理的，进行审理；(4) 根据调查审理结果，针对不同的违法违纪情况，提出监察建议或者作出监察决定。

除此之外，根据《行政监察法》的规定，监察机关在调查违纪案件时，还可以根据实际情况和需要采取下列措施：(1) 暂予扣留、封存可以证明违纪行为的文件、资料、财务帐目及其他有关的材料；(2) 责令案件涉嫌单位和涉嫌人员在调查期间不得变卖、转移与案件有关的财物；(3) 责令违纪嫌疑人员在指定的时间、地点就调查事项涉及的问题作出解释和说明；(4) 建议有关机关暂停有严重违纪嫌疑的人员执行职务等。此外，监察机关无论在执法检查还是立案调查时，根据检查和调查的结果，对监察确认的事实和问题都有权分别提出监察建议或者作出监察决定。即根据职责权限，对某些不能由监察机关直接处理的事项，由监察机关向有权处理的行政机关提出监察建议；而对于某些事项，则可由监察机关自行作出监察决定，如违反行政纪律，按照管辖权限，依法应当给予警告、记过、记大过、降级、撤职、开除等行政处分的；又如违反行政纪律取得的财物，依法应由监察机关没收，追缴或者责令追赔的等。当然，根据《行政监察法》的规定，凡是可以作出监察决定的情形，也可以提出监察建议。

三、保密行政复议

行政复议也是政府系统内部对行政执法行为实施专门监督的重要形式之一。1991年1月10日，国务院专门就行政复议制定了《行政复议条例》，这标志着我国的行政复议工作作为一项自成体系、独立完备的行政法律制度正式得以建立。这项制度的建立，对于维护和监督行政机关依法行使职权，防止和纠正违纪或者不当的行政执法行为，保护公民、法人和其他组织的合法权益具有十分重要的意义。

根据《行政复议条例》的规定，对照保密行政法规范的有关规定，结合保密行政执法的实际情况，在保密工作领域建立相应的行政复议制度，展开保密行政复议工作，不仅是可行的也是十分必要的。它对于增强保密行政执法机关及其执行人员的执法意识，提高依法行政的自觉性，以及推动保密行政法制建设的完善，有效地维护有关相对人的合法权益都有着特殊的意义。同时，它对于解决保密行政执法领域中可能出现的行政争议也可以提供一种有效的、适当的法定途径。随着民主政治的发展和法制条件的成熟，保密行政复议必然会作为行政复议制度的重要组成部分，在保密工作领域中得以建立和完善起来。实际上，《行政复议条例》的出台，已为保密行政复议的全面展开和研究完善提供了客观条件。因此，有必要深入地研究保密行政复议的有关问题。

（一）保密行政复议的概念

根据行政复议的基本涵义，结合保密行政工作的实际情况，可将保密行政复议的概念表述为：作为保密行政相对人的公民、法人及其他组织认为有关保密行政执法机关及其执法人员的保密行政执法行为侵犯其合法权益，依法申请法定的行政复议机关重新处理，而由法定的行政复议机关予以受理、审查并作出相应决定的活动。简而言之，就是法定的行政复议机关适用准司法程序处理特定的保密行政争议的活动。保密行政复议具有如下特点：

1. 保密行政复议的内容是解决保密行政争议。所谓保密行政争议，是指保密行政执法机关在执法活动中，与作为执法对象的保密行政相对人之间发生的争议，或者说，作为执法对象的保密行政相对人认为保密行政执法机关及其执法人员的执法行为侵犯其合法权益而引起的争议。在保密行政执法活动中，由于多种原因，保密行政执法机关与保密行政相对人之间，对于保密行政执法行为的合法性问题，常常会产生认识上的分歧，并由此产生保密行政争议。这类争议本身既涉及到保密行政执法的有效性，同时又关系到保密行政相对人的合法权益，因此必须寻求适当、有效的方式及时予以解决。保密行政复议正是解决这类争议的一条重要途径，这类争议的存在也正是建立保密行政复议的客观基础。譬如，保密行政执法机关作出没收某相对人因泄露国家秘密所获取的非法收入的决定，而该相对人认为该决定不合法，侵犯了其合法权益，于是在两者之间必然会引起一种争议，这种争议就可以通过行政复议的途径予以解决。

2. 保密行政复议的双方当事人中一方是保密行政相对人，另一方是保密行政执法机关。前者称为申请人，后者称为被申请人，两者的地位具有恒定性，而不能互换位置。也就是说，复议申请人总是认为保密行政执法行为侵犯其合法权益而以自己的名义向复议机关申请复议的保密行政相对人；而复议的被申请人总是实施该保密行政执法行为而被提起复议的保密行政执法机关。譬如前例中作出没收决定的保密行政执法机关是被申请人，而不服该决定申请复议的相对人是申请人。作出没收决定的保密行政执法机关是不能以申请人的身份来提出复议申请以解决该种争议的。另外，必须注意的是，复议被申请人只能是保密行政执法机关，而不能是保密行政执法人员。同时，这里的保密行政执法机关可以是各级保密工作部门，也可以是实施保密行政执法行为的其他行政机关，但不能是其他国家机关，因为目前我国行政复议制度是专门适用于行政机关系统的一项行政法律制度。至于其他国家机关依法实施保密行政执法行为时是否可以作为法律、法规授权的组织而成为被申请人，有待于进一步研究，也有待于立法予以确认。

3. 保密行政复议的客体是相对人认为侵犯其合法权益的保密行政执法行为。首先，保密行政复议的客体只能是保密行政执法行为，不以保密行政执法行为为客体的行政复议不是保密行政复议。譬如，海关的关税征收行为引起的行政复议就不是保密行政复议，但海关对违法邮寄或非法携运国家秘密载体出境的相对人予以处罚的行为引起的行政复议则属于保密行政复议。其次，作为保密行政复议客体的保密行政执法行为必须是符合《行政复议条例》规定的受案范围以内的行政执法行为。并不是所有保密行政执法行为都能成为保密行政复议的客体，它还必须属于行政复议的受案范围。譬如，保密行政执法机关对有关人员依法给予行政处分的行为就不能成为保密行政复议的客体，也就是说相对人对保密行政执法机关给予其行政处分的行为不能申请复议。再次，只有保密行政执法行为被相对人认为侵犯其合法权益时，才有可能成为保密行政复议的客体。这里的“认为”一词，表明是相对人主观上认为保密行政执法行为侵犯其合法权益，至于客观上是否侵犯，需待复议机关依法重新审查之后才能作出判断。但只要相对人认为侵犯其合法权益而申请了行政复议，而且该保密行政执法行为又属于法定受案范围，复议机关就应该予以受理、审查并作出裁决。

4. 保密行政复议的主体是法定的行政复议机关。即依法享有法定复议权的国家行政机关。首先，它必须是国家行政机关，具有独立的行政主体资格。其他任何机关都不能称作复议机关。而且没有独立主体资格的行政机构也不能成为复议机关。当然，依《行政复议条例》第23条的规定，复议机关应根据工作需要，确立本机关的复议机构或专职复议人员。

但复议机构只是复议机关内设的负责有关复议工作的机构，它本身并不具备行政主体资格，因而它只能以复议机关名义进行复议，作出复议决定。为了更好地搞好保密行政复议以及行政应诉工作，我们认为也应在各级保密工作部门内设置或指定相应的复议机构。其次，作为复议机关的行政机关必须享有法定复议权。这种复议权主要是指《行政复议条例》所规定的相应管辖权。不具有法定管辖权的行政机关不能受理相应的复议案件。

5. 保密行政复议的程序是准司法程序。也就是说，保密行政复议不同于一般的行政执法行为，而是一种行政司法行为，其程序属于准司法性质。这是因为，作为保密行政复议的内容是解决争议；作为其主体的复议机关实质上是争议双方的中间裁决人；作为其程序的启动必须依相对人的申请，没有相对人的申请，复议机关就不能主动实施复议行为，也就是说它采用了类似于普通司法程序中的“不告不理”原则，所有这些都表明行政复议不同于一般的“行政执法”，而类似于“普通司法”。因此其程序上需采用比一般行政执法更加严格的程序，如申请、受理、审查和裁决等。但行政复议毕竟是一种行政行为，所以又不可能完全等同于司法程序，所以称之为准司法程序。

6. 保密行政复议的性质既是一种行政救济机制，又是一种执法监督制约机制。也就是说，保密行政复议具有双重属性，就相对人而言，它通过纠正违法或不当的保密行政执法行为而为相对人提出一种为保障其合法权益免受侵犯的救济机制；就保密行政执行机关而言，它通过纠正违法或不当的保密行政执法行为督促保密行政执法机关依法行政，增强执法意识，因而也表现为政府系统内部的一种监督制约机制。当然，通过保密行政复议，也可以对合法的保密行政执法行为予以维持，从而起到维护保密行政执法机关依法行使职权的作用。

（二）保密行政复议的范围

保密行政复议的范围，也称受案范围，是指相对人可以提起保密行政复议或复议机关有复议审查权的保密行政执法行为的范围或保密行政复议案件的范围。哪些保密行政执法行为或保密行政复议案件，可以申请复议或受理复议，这既不是由相对人随意决定的，也不是由复议机关可以任意选择的，而只能由法律、法规来确定。目前有关保密行政法规范对保密行政复议的范围并未作出明确规定，但根据《行政复议条例》的规定，许多保密行政执法行为是符合行政复议受案范围的。概括而言，这些符合复议受案范围的保密行政执法行为主要有：

1. 保密行政处罚行为。凡是保密行政执法机关依保密行政法规范的规定作出的相应保密行政处罚行为，包括罚款、没收、责令停止复制活动、吊销许可证及行政拘留等，都属于保密行政复议的受案范围，相对人都可按《行政复议条例》第 9 条第 2 项的规定申请复议。

2. 保密行政强制措施。目前，各保密工作部门基本上尚无保密行政强制措施权，法无明文规定不得采取行政强制措施权，否则相对人也可申请复议予以撤销。另外，其他保密行政执法机关依有关法律的规定具有相应的行政强制措施权，如国家安全机关依《国家安全法》第 29 条规定可采取搜查，海关根据《关于禁止邮寄或非法携运国家秘密文件、资料和其他物品出境的规定》第 10 条的规定可采取扣留等。对于这些行政强制措施，相对人如果不服，可依《行政复议条例》第 9 条第 2 项的规定，申请复议。

3. 保密行政许可行为。这是指相对人认为符合条件申请保密行政执法机关颁发有关许可证，而保密行政执法机关拒绝颁发或不予答复的行为。这里的许可证目前主要有《国家秘密载体复制许可证》、《国家秘密载体出境许可证》等。符合颁发这些许可证条件而保密工作部门拒绝颁布或不予答复的，相对人可依《行政复议条例》第 9 条第 4 项的规定，申请复议。当然，关于保密工作部门“不予答复”问题，还应有保密工作部门应予答复的时间期限规定。只有该时间期限届满而保密工作部门仍未答复的，才能认为保密工作部门“不予答复”，构成不作为的违法，因而请求复议。从现行保密行政法规范的规定来看，

《关于禁止邮寄或非法携运国家秘密文件、资料和其他物品出境的规定》第8条第2款规定了答复的时间为10日。但《印刷、复印等行业复制国家秘密载体暂行管理办法》则尚未规定应予答复的时间期限，有待今后完善。

从目前保密行政法规范的规定来看，符合行政复议受案范围的保密行政执法行为主要有以上三类。除此之外，《行政复议条例》还规定了其他的一些行为属于行政复议的受案范围，如，侵犯法定经营自主权的行为；对相对人申请履行保护人身权、财产权的法定职责而拒绝履行或者不予答复的行为；违法要求履行义务的行为；以及侵犯相对人人身权，财产权的其他具体行政行为等。我们认为，如果保密行政执法机关涉及到这些行为也属于保密行政复议的受案范围。但是《行政复议条例》又明确排除了一些执法行为属于行政复议的范围，如对行政机关工作人员的奖惩、任免等内部行政执法行为。据此，保密行政执法机关实施这些内部行政执法行为就不属于保密行政复议的范围。

（三）保密行政复议的管辖

保密行政复议的管辖，是指复议机关受理复议案件的权限分工。它主要是解决某一具体的复议案件应由哪一个具体复议机关予以受理的问题。根据《行政复议条例》的原则规定，结合保密行政复议的实际情况，保密行政复议的管辖主要包括以下三类：

1. 上级管辖

上级管辖是指由作出具体行政行为的行政机关的上一级行政机关管辖。根据《行政复议条例》第11条第1款的规定，对县级以上的地方各级人民政府工作部门的具体行政行为不服申请的复议，由本级人民政府或者上一级主管部门管辖。这是行政复议最常见、最常采用的一般管辖形式，也是关于行政复议管辖的原则规定。在这里，无论是本级人民政府还是上一级保密工作主管部门相对于县级以上的地方各级人民政府工作部门而言，都属于上一级行政机关，所以将这种一般管辖称之为上级管辖。

在保密行政复议中，上级管辖具体是指县级以上地方人民政府工作部门作出的保密行政执法行为引起的保密行政复议案件，由本级人民政府或上一级主管部门管辖。譬如，对于省保密工作部门作出的某一行政执法行为不服申请的复议，由省人民政府或国家保密工作部门管辖。

上级管辖表明，相对人可在本级人民政府或上一级主管部门中选定之一进行管辖，这通常又称为选择管辖。如果申请人同时向这两个有管辖权的复议机关申请复议，则由最先收到复议申请的机关管辖。

2. 原级管辖

原级管辖，即原行政机关管辖，是指由作出具体行政行为的原行政机关对该具体行政行为的复议进行管辖。根据《行政复议条例》的规定，在保密行政复议中，原行政机关管辖应当包括两种情形：一是对国务院各部门的保密行政执法行为不服引起的复议，由该部门管辖，如对国家保密局作出的保密行政执法行为不服引起的复议，就只能由国家保密局管辖。二是对法定需经上级机关批准的保密行政执法行为，由最终批准的保密行政执法机关管辖。

3. 其他管辖

除上述两种主要形式的管辖外，根据《行政复议条例》的规定，保密行政复议应还有其他一些管辖形式。如，对保密行政法规范授权的组织作出的保密行政执法行为不服申请的复议，由直接主管该组织的行政机关管辖；对保密行政执法机关委托组织作出的保密行政执法行为不服申请的复议，由该保密行政执法机关的上一级行政机关管辖；其他还有移送管辖、移转管辖、指定管辖等情况，保密行政复议管辖中如果遇到，应按《行政复议条例》的有关规定办理。

（四）保密行政复议的程序

保密行政复议的程序，是自保密行政相对人提出复议申请直至复议机关作出复议决定期间各种法律活动的总和。根据《行政复议条例》的规定，保密行政复议程序与其他复议程序一样，是由申请、受理、审理和决定四个相互衔接的阶段构成的完整程序。每个阶段又包含着不同的步骤要求。

1. 保密行政复议的申请

保密行政复议的申请，是指公民、法人或者其他组织等保密行政相对人认为保密行政执法机关及其执法人员的执法行为侵犯其合法权益，依法要求复议机关对该行为进行审查和处理的法律行为。这是保密行政复议申请的第一个阶段。在这个阶段，有以下程序要求：

(1) 申请复议的条件。根据《行政复议条例》的规定，申请人申请复议应当符合法定条件。即申请人是认为保密行政执法行为直接侵犯其合法权益的保密行政相对人；有明确的被申请人，且被申请人是作出该保密行政执法行为的保密行政执法机关；有具体的复议请求和事实根据；属于保密行政复议范围；属于受理复议机关管辖；法律、法规规定的其他条件。

（2）申请复议的期限。保密行政复议，必须遵守法定的时间限制。这种时间限制，如同诉讼时效一样，也可理解为复议申请的时效，没有法定理由超过了时效，申请人将丧失申请权。根据《行政复议条例》的决定，复议申请的一般期限为15日，法律、法规另有规定的除外。因此，保密行政相对人申请保密行政复议原则上应在15日内提出，法律、法规另有规定的，则应在有关法律、法规规定的期限内提出。另外，因不可抗力或者其他特殊情况而耽误法定申请复议期限的，可以在障碍消除后的10日内申请延长期限，但是否准许，则由有管辖权的复议机关决定。

（3）申请复议的形式。依《行政复议条例》的规定，申请人申请复议应递交复议申请书，即以书面形式申请复议。复议申请书应载明的内容是：申请人的基本情况，包括公民的姓名、性别、年龄、职业、住址等和法人或其他组织的名称、地址、法定代表人的姓名等；被申请人的名称、地址；申请复议的要求和理由；④提出复议申请的日期。

2. 保密行政复议的受理

复议机关在收到复议申请后，应当予以及时、严格地审查，并自收到复议申请书之日起10日内作出是否受理的决定。审查的内容包括：一是审查是否符合申请复议的法定期限；二是审查是否符合申请复议的法定条件；三是审查申请复议的形式和内容是否符合复议要件等。

经过对复议申请的审查之后，复议机关应当分别情况作出如下处理决定：

(1) 予以受理。经审查，对符合各项申请条件的复议申请，复议机关应予以受理，并制作发出受理通知书，通知申请人。这标志着复议程序的正式开始，并产生相应的法律效果。

(2) 不予受理。经审查，对不符合申请条件的复议申请，复议机关应裁决不予受理，并制作发出裁定书，载明不予受理的理由，通知申请人。对于不予受理的裁定不服的，如果不是属于终局复议，相对人可向人民法院提起行政诉讼。

(3) 限期补正。经审查，对于复议申请书未载明有关应载明内容的复议申请，复议机关应依法将复议申请书发还申请人，要求限期补正。过期不补正的视为未申请。

3. 保密行政复议的审理

审理是复议机关在受理复议申请之后，对被指控的保密行政执法行为进行全面审查的活动。这是整个复议程序的关键，也是最复杂的阶段。

(1) 审理前的准备。为了保证审理工作合法、公正地进行，复议机关在受理案件后，开始审理前，应认真做好相应的准备工作。主要包括确定复议人员，拟订复议审理方案，以及向被申请人送达复议申请书副本，并限期提出答辩等。《行政复议条例》第38条规定："复议机关应在受理之日起7日内将复议申请书副本发送给申请人。被申请人应在收到复议申请书副本之日起10日内，向复议机关提交作出具体行政行为的有关材料或证据，并提出答辩书。"

(2) 审理应遵循的原则。根据《行政复议条例》的有关规定，行政复议机关在审理中应遵循如下原则：

第一，复议不停止执行的原则。即在一般情况下，复议指向的保密行政执法行为，不因申请人申请行政复议而失效，也不因复议程序启动而停止执行。只有在《行政复议条例》第39条规定的四种例外情况下，该行政执法行为才停止执行。这四种例外情形：被申请人认为需要停止执行的；复议机关认为需要停止执行的；申请人申请停止执行而复议机关认为其要求合理裁定停止执行的；法律、法规和规章规定停止执行的。

第二，复议不适用调解原则。即复议案件一经立案审理，复议机关无权调解结案，复议申请人与被申请人之间也无权私下调解结案。

第三，依法审理原则。即复议机关应以法律、行政法规、地方性法规、规章，以及上级机关依法制定和发布的具有普遍约束力的决定、命令为依据，审理复议案件。如果发现保密行政执法行为所依据的规章或具有普遍约束力的决定、命令与法律、法规或其他规章或具有普遍约束力的决定、命令相抵触，应在其职权范围内依法予以撤销或改变，但如果无权处理的，应向其上级机关报告。上级机关有权处理的，依法予以处理；无权处理的，提请有权机关依法处理。

(3) 审理的方式。根据《行政复议条例》的规定，审理复议案件，一般实行书面审理的方式。所谓书面审理方式，是指复议机关审理复议案件仅就案件的书面材料，包括申请人提出的复议申请书及有关材料和被申请人提出的复议答辩书及有关材料、证据，进行审定，在此基础上依法裁决。当然，在某些情况下，复议机关认为必要，也可要求复议申请人与被申请人到场，采取当面审理的方式进行。

4. 保密行政复议的决定

这是复议程序的最后阶段，是指复议机关经过对复议案件的审理，依据事实和法律，就保密行政复议作出结论性裁决。

(1) 复议决定的种类。根据《行政复议条例》的规定，复议机关经过审理，分别作出以下复议决定：①维持决定。即保密行政执法行为适用法律、法规、规章和具有普遍约束力的决定、命令正确，事实清楚，且符合法定权限和程序的，作出维持决定。②补正决定。即保密行政执法行为有程序不足的，作出补正决定，责成被申请人依法定程序补正。③履行决定。即被申请人不履行法定职责，如对符合条件的相对人申请颁发许可证而拒绝颁发或不予答复的，作出履行决定，责成被申请人在一定期限内履行其法定职责。④撤销或者变更决定。即保密行政执法行为有下列情形之一的，作出撤销或者变更决定，并可责令被申请人重新作出保密行政执法行为：第一，主要事实不清的；第二，适用法律、法规、规章和具有普遍约束力的决定、命令错误的；第三，违反法定程序影响申请人合法权益的；第四，超越职权或者滥用职权的；第五，保密行政处罚行为明显不当的。

此外，被申请人作出的保密行政执法行为侵犯申请人的合法权益造成损害，申请人请求赔偿，行政复议机关经审理认定后，在作出复议决定的同时，可以责令被申请人负责赔偿。被申请人赔偿后，应当责令有故意或重大过失的保密行政执法人员承担部分或者全赔偿费用。

(2) 复议决定的形式。复议机关作出复议决定，应当制作复议决定书，即以书面形式作出，复议决定书内容应包括：申请人的姓名、性别、年龄、职业、住址等（法人或其他组织的名称、地址、法定代表人的姓名）；被申请人的名称、地址，法定代表人的姓名、职务；申请复议的主要请求和理由；复议机关认定的事实、理由，适用的法律、法规、规章和具有普遍约束力的决定、命令；复议决定；不服复议决定向人民法院起诉的期限，或者终局的复议决定，当事人履行的期限；作出复议决定的年、月、日。复议决定书由复议机关以法定代表人署名，加盖复议机关的印章。

（3）复议决定的期限。为防止复议机关拖延作出复议决定，《行政复议条例》规定，除法律、法规另有规定外，复议机关应自收到复议申请书之日起 2 个月内作出复议决定。

（4）复议决定的效力。复议决定一经送达，即发生法律效力，具有拘束力、确定力和执行力，当事人双方对复议决定必须履行。对超过法定期限拒不履行复议决定的申请人，可依法强制执行或申请人民法院强制执行，对拒不履行复议决定的被申请人，可建议有关部门或直接对其法定代表人给予行政处分。

第三节 保密行政执法的司法监督

一、司法监督概述

对保密行政执法的司法监督，是指国家检察机关和审判机关依法对保密行政执法机关及其执法人员的执法行为实施的监督。根据监督主体的不同，它又包括检察监督和审判监督两类。

（一）检察监督

检察监督，是国家检察机关即人民检察院对保密行政执法行为实施的监督。根据宪法的规定，检察机关是国家的法律监督机关。因而检察机关是有权对包括保密行政执法机关在内的行政执法机关及其执法人员的执法行为实施法律监督的。从实际情况来看，检察机关对保密行政执法行为的监督一般只限于查处保密行政执法人员的职务犯罪行为，即保密行政执法人员在执法活动中，构成了职务犯罪行为的，由人民检察院依法受理，追究刑事责任。如严重侵犯公民民主权利的犯罪行为，贪污贿赂等经济犯罪行为，严重失职、渎职的犯罪行为等。但是对于保密行政执法机关及其执法人员实施的尚未构成犯罪的保密行政执法行为，检察机关应采取何种方式予以监督则缺乏明确的规定，因此，可以说对保密行政执法行为的司法监督主要限于审判监督。

（二）审判监督

审判监督，是国家审判机关即人民法院对保密行政执法行为实施的监督。目前在我国，审判监督主要通过审理行政案件即行政诉讼的方式来对各级各类国家行政机关及其工作人员的执法行为实施监督的。对保密行政执法行为的审判监督同样可以也应当通过保密行政诉讼的方式来展开。

二、保密行政诉讼

行政诉讼是现代国家解决行政争议，保障行政相对人合法权益，推行行政法治的重要法律制度，也是对行政执法行为实施司法监督的主要形式。1990 年 10 月 1 日正式实施的《中华人民共和国行政诉讼法》（以下简称《行政诉讼法》），标志着我国行政诉讼制度的全面创建，这是一项崭新的“民告官”制度，可以说是我国民主法治建设史上的里程碑。行政诉讼制度在我国的全面建立，也为保密行政诉讼的全面展开和研究完善提供了法律依据和客观条件。

（一）保密行政诉讼的概念

保密行政诉讼是指作为保密行政相对人的公民、法人或者其他组织认为有关保密行政执法机关及其执法人员的保密行政执法行为侵犯其合法权益，依法向人民法院起诉，而由人民法院审理并作出裁判的活动。简而言之，就是人民法院按照司法程序解决特定保密行政争议的活动。从这一概念可见，保密行政诉讼和保密行政复议存在着许多相同之处。

首先，保密行政诉讼和保密行政复议的内容都是解决保密行政争议，即作为保密行政相对人的公民、法人或其他组织认为保密行政执法机关及其执法人员的执法行为侵犯其合法权益而引起的争议。实际上，行政诉讼和行政复议是目前我国解决行政争议的两条主要途径，只不过一条是行政系统之外的途径，一条是行政系统之内的途径。

其次，保密行政诉讼和保密行政复议双方当事人都具有恒定性，即一方当事人为保密行政相对人，另一方为保密行政执法机关。只不过它们的称谓有所不同，保密行政复议的双方当事人分别称为申请人和被申请人；而保密行政诉讼的双方当事人则分别称为原告和被告。但作为保密行政诉讼双方当事人的原告和被告的地位也是具有恒定性的，即作为保密行政相对人的公民、法人或其他组织有权依法起诉而充当原告，被指控侵犯相对人合法权益的保密行政执法机关只能充当被告；反之，保密行政相对人不能成为被告，实施执法行为的保密行政执法机关也不能起诉而成为原告。

再次，保密行政诉讼和保密行政复议的客体都是保密行政相对人认为侵犯其合法权益而引起争议的保密行政执法行为。而且这种可诉的保密行政执法行为和可以申请保密行政复议的保密行政执法行为，在范围上基本是一致的，即凡是属于保密行政复议受案范围的保密行政执法行为也属于保密行政诉讼的受案范围。

最后，保密行政诉讼和保密行政复议在性质上相同，既是一种行政救济机制，又是一种执法监督制约机制。目前在我国，行政诉讼和行政复议不仅是解决行政争议的两种主要途径，也是两种重要的行政救济制度，还是两种自成体系、独立完备的执法监督制约机制。只不过保密行政诉讼属于一种外部司法监督制约机制，保密行政复议则是一种内部行政监督制约机制而已。

尽管保密行政诉讼和保密行政复议存在着如上相同之处，但毕竟它们是两种不同的行政法律制度。两者的区别主要表现为：第一，裁决机关不同。保密行政诉讼是由人民法院对保密行政争议作出判决；保密行政复议则是由属于行政系统的行政复议机关对保密行政争议作出裁决。第二，适用程序不同。保密行政诉讼按照《行政诉讼法》的规定，适用普遍司法程序；保密行政复议则是按照《行政复议条例》的规定，适用准司法程序，虽具有一定的司法性质，但同时又具有行政性，从总体上说仍是一种行政程序，要体现行政特有的迅速、简便等特点。第三，审查范围不同。保密行政诉讼和其他行政诉讼一样，原则上只能审查保密行政执法行为的合法性；而保密行政诉讼则可对保密行政执法行为的合法性和合理性进行全面的审查。

总之，保密行政诉讼和保密行政复议既有相同之处又存在着明显的区别，成为两种各具特色的行政法律制度。

（二）保密行政诉讼的受案范围

保密行政诉讼的受案范围，是指人民法院受理保密行政争议案件的范围，或者说作为原告的保密行政相对人可以提起保密行政诉讼的保密行政执法行为的范围，简而言之，就是可诉保密行政执法行为的范围。

根据《行政诉讼法》的规定，对照有关保密行政法规范的规定，可诉的保密行政执法行为主要有三类，即保密行政处罚行为、保密行政强制措施行为和保密行政许可行为。可见，保密行政诉讼的受案范围和保密行政复议的受案范围是相一致的。正由于两者的受案范围一致，所以除法律、法规例外规定外，相对人不服上述行为既可申请行政复议也可提起行政诉讼，而且在申诉行政复议之后，如果不是法定的终局复议，对行政复议不服的还可进一步提起行政诉讼。这正是两者之间衔接关系的体现。

（三）保密行政诉讼的管辖

管辖所要解决的是人民法院之间受理一审保密行政争议案件的权限分工。根据《行政诉讼法》第 3 章的规定，保密行政诉讼的管辖主要包括级别管辖和地域管辖两类。

1.级别管辖级别管辖是指上下级人民法院之间受理一审保密行政案件的权限分工。我国法院设置分为四级，即基层人民法院、中级人民法院、高级人民法院和最高人民法院。其中，基层人民法院管辖一般的一审保密行政案件；中级人民法院管辖海关处理案件、对国务院各部门所作的保密行政执法行为提起诉讼的案件及本辖区内重大复杂的一审保密行政案件；高级人民法院管辖本辖区内重大、复杂的一审保密行政案件；最高人民法院管辖全国范围内重大、复杂的一审保密行政案件。

2.地域管辖地域管辖是指同级但不同地区的人民法院之间受理一审保密行政案件的权限分工。在地域管辖上，保密行政案件由最初作出保密行政执法行为的保密行政执法机关所在地的人民法院管辖。但是，经过保密行政复议的案件，复议机关改变原保密行政执法行为的，也可以由复议机关所在地人民法院管辖，即最初作出保密行政执法行为的保密行政执法机关所在地的人民法院和复议机关所在地的人民法院都有管辖权。另外，对限制人身自由的保密行政强制措施不服提起诉讼的，被告所在地和原告所在地的人民法院也都有管辖权。《行政诉讼法》还规定，两个以上的人民法院都有管辖权的案件，原告可选择其中一个人民法院提起诉讼。原告向两个以上有管辖权的人民法院提起诉讼的，由最先收到起诉状的人民法院管辖。此外，根据某些特殊情况，人民法院对保密行政案件，还可实行移送管辖、移转管辖或指定管辖等。

（四）保密行政诉讼的程序

保密行政诉讼适用行政诉讼的一般程序，即一审程序、二审程序、再审程序和执行程序。一审程序又包括起诉和受理、审理和判决四个相互衔接、依次转移的阶段。

1. 起诉和受理

起诉是指相对人认为保密行政执法行为侵犯了自己的合法

权益，依法向人民法院提出诉讼请求，要求人民法院行使国家审判权予以保护和救济的诉讼行为。受理是指人民法院接到诉讼请求后，经审查认为符合法定起诉条件，决定予以立案审理的行为。起诉与受理的结合，是保密行政诉讼程序开始的标志。

(1) 起诉的条件。相对人依法享有的起诉权，不允许任何人非法的限制和剥夺，然而，起诉权也不能任意使用。根据《行政诉讼法》第 41 条的规定，起诉的法定条件应该是：第一，原告是认为保密行政执法行为侵犯其合法权益的保密行政相对人；第二，有明确的被告，即明确指出作出侵犯其合法权益的保密行政执法行为的保密行政执法机关是哪个；第三，有具体的诉讼请求和事实根据；第四，属于人民法院受案范围和受诉人民法院管辖。

(2) 起诉的形式。起诉应当向人民法院递交起诉状，即以书面形式提起诉讼，并按被告人数提出副本。书写起诉状确有困难的，也可采取口头形式，即由原告口头起诉，法院记入笔录。

(3) 起诉的期限。起诉是要受到时间限制的。根据《行政诉讼法》的规定，对于经过复议的案件，应自收到复议决定书之日起 15 日内向人民法院提起诉讼，法律另有规定的除外；对于直接起诉的案件，应在知道作出保密行政执法行为之日起 3 个月内提出，法律另有规定的除外；因不可抗力或者其他特殊情况耽误法定期限的，在障碍消除后的 10 日内，可以申请延长期限，由人民法院决定。

(4) 起诉的受理。人民法院接到起诉状，经审查，应当在 7 日内立案受理或者裁定不予受理。原告对裁定不服的，可以提起上诉。

2．审理和判决

(1) 审理前的准备。在审理之前，应做好相应的准备工作，包括依法组成合议庭、阅卷、查证及通知被告应诉等。其中，通知被告应诉是一项重要的准备工作。根据《行政诉讼法》的规定，人民法院在立案之日起5日内将诉状副本发送被告；被告应于收到起诉状副本之日起10日内向人民法院提交作出具体行政行为的有关材料，并提出答辩状。所谓被告应诉，主要就是指作为被告的保密行政执法机关在法定期限内向人民法院提出作出保密行政执法行为的有关材料，包括有关证据材料及所依据的规范性文件，并提出答辩状（当然也包括出庭应诉）。认真做好应诉工作既是作为被告的保密行政执法机关应尽的诉讼义务，也是决定其能否胜诉的必要条件，因而是保密行政执法机关的一项重要工作，应被认为是保密行政执法工作的延伸和继续。

(2) 审理的原则。对保密行政案件的审理，不仅要做好前述准备工作，在审理时还应遵循下列原则：

①起诉不停止执行的原则。即一般情况下，诉讼期间保密行政对执法行为不停止执行，除非有特殊情况才停止执行，如被告认为需要停止执行的；原告申请停止执行，人民法院认为该行政执法行为的执行会造成难以弥补的损失，并且停止执行不损害社会公共利益，裁定停止执行的；法律、法规规定停止执行的。

②不适用调解的原则。即人民法院审理保密行政案件，不能适用调解，无权以调解的方式结案。

③被告负举证责任的原则。即人民法院审理保密行政案件，应由作为被告的保密行政执法机关对其所作出的保密行政执法行为负举证责任，即提供证据证明被诉保密行政执法行为的合法性，如果不能提供，该保密行政执法机关就要承担败诉的后果。因此，认真做好举证工作，使得举证确凿、有力，在很大程度上影响着审判结果，也是作为被告的保密行政执法机关的一项重要工作。怎样才能做到举证确凿、有力呢？具体来讲，就是提出的证据必须具备相关性、客观性和合法性等几个基本特征。所谓相关性是指所提出的证据必须与诉讼指向的保密行政执法行为具有内在联系，是与案件的内容密切相关的信息资料；客观性是指证据必须是真实的、符合事物本来面目的，而不是虚构的或歪曲的；合法性则指证据必须是经法定程序收集和认定的，并且必须以法定程序提出，并符合法定形式。在形式上，《行政诉讼法》规定的证据存在形式有书证、物证、视听资料、证人证言、当事人的陈述，鉴定结论和勘验笔录、现场笔录等七种。在程序上，《行政诉讼法》规定，被告在诉讼期间不得自行向原告和证人收集证据。据此，被告举出的证据应是在作出保密行政执法行为时收集和调查的证据，诉讼开始后，未经人民法院许可，不得再向对方当事人及证人调查取证，否则就是不合法的。另外，作为被告的保密行政执法机关除了应提供作出保密行政执法行为的证据之外，还应提供作出该行为所依据的规范性文件，即法律依据，以便于人民法院确认该行为的合法性。

（3）审理的方式。根据《行政诉讼法》的规定，人民法院审理一审行政案件应采用开庭审理的方式，即在人民法院审判人员的主持下，在诉讼参加人和其他参与人的参加下，依法定程序对被诉的行政执法行为进行审查并作出裁判。开庭审理又细分为审理开始、法庭调查、法庭辩论、合议庭评议和判决裁定等阶段。

(4) 审理的依据。根据《行政诉讼法》的规定，人民法院审理行政案件，以法律、行政法规和地方性法规为依据，参照规章。可见，规章在行政诉讼中只具有“参照”的地位，即人民法院在决定是否适用规章作为依据之前要对其进行审查，只有在确认其具有合法性和有效性时才可予以适用，否则可不予适用。因此，行政诉讼所适用的依据与行政复议所适用的依据并不一致。因此，保密行政执法机关在依据规章实施相应执法行为时应予以慎重，以避免在引起行政诉讼时处于不利的地位。

(5) 审理后的判决。根据《行政诉讼法》的规定，人民法院对一审案件，经审理后，根据不同情况，分别作出如下判决：①维持判决，即保密行政执法行为证据确凿、适用法律、法规正确、符合法定程序的，判决维持。②撤销判决，即保密行政执法行为的主要证据不足或者适用法律、法规错误、或者违反法定程序、或者超越职权、或者滥用职权的，判决撤销或者部分撤销，并可以判决被告重新作出保密行政执法行为。③履行判决，即被告不履行或者拖延履行法定职责的，判决其在一定期限内履行。④变更判决，即保密行政处罚显失公正的，可以判决变更。

3. 二审和再审

二审即保密行政诉讼的第二审程序，又称上诉审程序、终审程序，是指上级人民法院对下级人民法院的第一审判决、裁定，在其发生法律效力之前，基于当事人的上诉，对案件进行重新审理的程序。根据《行政诉讼法》的规定，一审中的原告、被告不服人民法院第一审判决的，有权在判决书送达之日起15日内向上一级人民法院提起上诉；不服人民法院第一审裁定的，有权在裁定书送达之日起10日内向上一级人民法院提起上诉。逾期不提起上诉的，人民法院的第一审判决或者裁定即发生法律效力。上一级人民法院受理上诉后，即进入第二审程序。人民法院对上诉案件，可以开庭审理；认为事实清楚的也可实行书面审理。经审理后，根据不同情形，作出下列判决或裁定：①原判决认定事实清楚，适用法律、法规正确的，判决驳回上诉，维持原判；②原判决认定事实清楚，但适用法律、法规错误的，依法改判；③原判决认定事实不清，证据不足，或者由于违反法定程序可能影响案件正确判决的，裁定撤销原判，发回重审，也可以查清事实后改判。当事人对重审案件的裁判，可以上诉。

再审即保密行政诉讼的再审程序，又称审判监督程序，是指人民法院对已发生法律效力的判决、裁定，发现违反法律、法规的规定，依法进行重新审判的程序。根据《行政诉讼法》的规定，当事人对已经发生法律效力的判决、裁定，应予执行，但认为该判决、裁定确实有错误的，可以向原审人民法院或者上一级人民法院提出申诉。人民法院院长对本院已经发生法律效力的判决裁定，发现违反法律、法规认为需要再审的，应当提交审判委员会决定是否再审。上级人民法院对下级人民法院已经发生法律效力的判决、裁定，发现违反法律、法规规定的，有权提审或者指令下级人民法院再审。人民检察院对人民法院已经发生法律效力的判决、裁定，发现违反法律、法规规定的，有权按再审程序提出抗诉。

4. 执行程序

执行程序是指人民法院作出的判决、裁定发生法律效力后，一方当事人拒不履行人民法院的判决、裁定，而由人民法院根据另一方当事人的申请实行强制执行的活动。根据《行政诉讼法》的规定，当事人必须履行人民法院已经发生法律效力的裁定和判决。原告拒绝履行判决、裁定的，作为被告的保密行政执法机关可以向第一审人民法院申请强制执行，或者依法强制执行。被告拒绝履行判决、裁定的，第一审人民法院可以采取下列措施：①对应该归还的罚款或者应当给付的赔偿金，通知银行从被告的帐户内划拨；②在规定期限内不履行的，从期满之日起，对该被告按日处以 50 元至 100 元的罚款；③向该被告的上一级机关或者监察、人事机关提出司法建议，接受司法建议的机关，应根据有关规定进行处理，并将处理情况告知人民法院；④拒不履行判处、裁定，情节严重构成犯罪的，依法追究主管人员和直接责任人员的刑事责任。

三、保密行政赔偿

《行政诉讼法》第 67 条明确规定，公民、法人或者其他组织的合法权益受到行政机关或者行政机关工作人员作出的具体行政行为侵犯造成损害的，有权请求赔偿，并规定了相应的赔偿请求程序。这标志着行政赔偿制度在我国得以正式建立。1994 年 5 月 12 日第八届全国人民代表大会常务委员会第七次会议又通过了《中华人民共和国国家赔偿法》(以下简称《国家赔偿法》)，该法的出台，使我国的行政赔偿制度又跃上了一个新的台阶，得以进一步完善和全面发展，可以说是我国民主法治史上又一个重要的里程碑。行政赔偿是与行政诉讼紧密相联系、相配套的一项重要法律制度。保密行政诉讼的存在必然会带来保密行政赔偿问题，无论理论上还是实践中都不能不对这一问题加以重视和研究。

（一）保密行政赔偿的概念和特征

保密行政赔偿，是指保密行政执法机关及其执法人员在保密行政执法过程中，因其行为违法而侵犯了相对人的合法权益并造成损害时，由国家通过法定的赔偿义务机关承担的一种赔偿责任。它具有下列特征：

1. 保密行政执法行为违法

这是引起保密行政赔偿责任的原因。也就是说，保密行政赔偿是因保密行政执法行为违法所引起的。所谓保密行政执法行为违法，既包括保密行政执法行为本身是违法的，也包括与保密行政执法行为相关的违法行为。前者如滥施保密行政处罚行为，违法实施保密行政强制措施等；后者如在实施保密行政执法行为过程中，非法拘禁相对人等。这两个方面的违法行为都能引起保密行政赔偿。同时，也只有这两个方面的违法行为才能构成保密行政赔偿，合法的保密行政执法行为，即使造成一定损失，可以给予一定的行政补偿，但不构成保密行政赔偿；与保密行政执法行为无关的非执法行为，如民事行为或者个人行为等，即使违法，可能引起民事、刑事等责任，但也不构成保密行政赔偿，如某保密行政执法人员在休假期间，与邻居发生纠纷而粗暴殴打邻居致邻居伤害的，由行为人个人负民事、刑事或其他法律责任，国家不承担赔偿责任。因此应将保密行政执法机关的执法行为与非执法行为，保密行政执法人员的执法行为与个人行为正确区分开来，才能正确地认定保密行政赔偿责任，因为只有执法行为违法才能构成保密行政赔偿。

2．侵犯相对人合法权益并造成损害

这是构成保密行政赔偿的重要条件，它寓含两个意思：一是违法的保密行政执法行为侵犯了相对人的合法权益，即构成了行政侵权行为。如果侵犯的是相对人的非法利益，而不是合法权益，则不能构成保密行政赔偿。二是造成了相对人合法权益的实际损害。有损害才有赔偿，仅有侵权行为而无损害，或该损害不是该侵权行为造成的（如是相对人自己的过错造成的等），也不能构成保密行政赔偿。而且，这种损害必须是一种客观存在的、特定的实际损害，如果是某种将来可能发生也可能不发生的不确定状态的损害，不属于必然损害，也不予赔偿。

3．由国家通过法定赔偿义务机关来进行赔偿

这就是说，保密行政赔偿是一种国家赔偿，其责任主体是国家，这是因为任何保密行政执法行为都是代表国家实施的，由此引起的赔偿责任也应归属于国家。但是，国家是一个抽象的政治实体，不可能参与具体的赔偿事务，履行相应的赔偿义务，而只能通过有关机关予以代替。那么，依法代表国家具体履行赔偿义务的机关即为赔偿义务机关。根据《国家赔偿法》的规定，赔偿义务机关为实施侵权行为的行政机关，因此，保密行政赔偿的赔偿义务机关应为实施违法行为的保密行政执法机关，即由实施了违法行为的保密行政执法机关具体来承担保密行政赔偿责任。应当说明的是，虽然保密行政执法机关的执法行为是通过保密行政执法人员进行的，但保密行政执法人员不

是独立的侵权主体，他们只能是所属保密行政执法机关的代表，由此不直接对相对人承担赔偿责任。保密行政执法人员的执法行为引起的赔偿责任应由其所属的保密行政执法机关为赔偿义务机关来予以承担。该机关只有在依法给予受害人赔偿后，才能根据执法人员的过错程度，责令其偿还部分或者全部赔偿费用。

（二）保密行政赔偿的范围和方式

1. 保密行政赔偿的范围

保密行政赔偿的范围，是指哪些违法的保密行政执法行为造成的损害应予赔偿。根据《国家赔偿法》的规定，结合保密行政执法的实际情况以及现行保密行政法规范的有关规定进行分析，主要有以下几种违法行为可能引起保密行政赔偿：

（1）违法实施保密行政处罚行为。如违法罚款、没收、吊销许可证、责令停产停业及违法拘留等。

（2）违法实施保密行政强制措施。如违法搜查、扣留等。

（3）违法实施保密行政许可行为。如符合法定条件的相对人申请颁发许可证，保密行政执法机关违法拒绝颁发或拖延不予答复，造成相对人权益损害的。

（4）与保密行政执法行为相关的违法行为。如在实施保密行政执法过程中非法拘禁或者以其他方法非法剥夺相对人人身自由的等。

2. 保密行政赔偿的方式

保密行政赔偿的方式，即对造成相对人的损害应以什么样的形式予以赔偿。保密行政赔偿适用行政赔偿的一般方式，根据《国家赔偿法》的规定，其赔偿方式有如下三种：

(1) 金钱赔偿。即以货币形式支付赔偿金额的赔偿方式。这是最主要的、也是适用范围最广泛的一种赔偿方式。

(2) 返还财产。即将违法取得的财产返还给受害人的赔偿方式。如返还罚款，返还非法没收的财物、款项等。

(3) 恢复原状。即将受到损害的财产恢复到被侵害之前的状态。

(三) 保密行政赔偿的程序

根据《国家赔偿法》等的规定，保密行政赔偿的程序和其他行政赔偿一样，可分为如下三种程序：

1. 请求程序

保密行政赔偿以赔偿请求的提出为前提，没有受害人的赔偿请求，有关机关不予处理。

根据《行政诉讼法》和《国家赔偿法》的规定，提出赔偿请求有两种途径和方式：一是单独式，即单独就赔偿问题提出请求；二是附带式或一并式，即在申请行政复议和提起行政诉讼时附带或一并提出赔偿请求。后者的特点为，将确认保密行政执法行为违法与要求保密行政赔偿两项请求一并提出，并要求并案审理，复议机关或人民法院通常先确认保密行政执法行为是否违法，然后再决定是否赔偿。

2. 处理程序

根据相对人提起赔偿请求的方式不同，有关国家机关分别按照不同的程序予以处理。

(1) 行政先行处理。受害人单独提起赔偿请求的，应当首先向赔偿义务机关提出，由赔偿义务机关与请求人协商解决赔偿问题，即按行政程序先行予以处理。在赔偿义务机关不予赔偿或赔偿请求人对赔偿数额有异议的，赔偿请求人才可申请复议或直接向法院提起行政诉讼。

(2) 行政复议。即相对人在申请复议时一并或附带提出赔偿请求的，由复议机关通过复议程序予以处理。

(3) 行政诉讼。即人民法院通过行政诉讼来处理赔偿争议。但这种行政诉讼同仅审查行政执法行为合法性的一般行政诉讼并非完全相同，它属于一类特殊的诉讼程序，除适用行政诉讼的一般规则外，还具有不同于一般行政诉讼的特点，如它可以适用调解，实施“谁主张谁举证”的举证责任原则等。因此，通常称之为行政赔偿诉讼。行政赔偿诉讼的提出有三种方式：一是赔偿义务机关逾期不予赔偿或赔偿请求人对赔偿数额有异议的，可向人民法院提起赔偿诉讼；二是不服复议机关对行政赔偿争议的处理的，可向人民法院提起赔偿诉讼；三是在提起一般行政诉讼的同时附带提出赔偿诉讼。

3. 追偿程序

追偿程序，即赔偿义务机关在支付赔偿费用之后，依法责令有故意或重大过失的执法人员承担部分或者全部赔偿费用的程序。其意义在于监督执法人员依法行政，忠于职守，同时也可以减轻国家财力负担。但赔偿义务机关行使追偿权必须同时满足两个条件：一是赔偿义务机关已向受害人支付了赔偿费用。二是执法人员确有故意或重大过失。所谓故意，是指执法人员在执法时，明知自己的行为会给相对人的合法权益造成损害，却希望或放任这种结果发生的主观态度。所谓重大过失，是相对于一般过失而言的，指执法人员在执法时，欠缺一般人通常应有的注意义务而造成了他人的损害，即违反了法律对于一个普通公民的起码要求，而不仅仅是欠缺其职务要求的注意义务。

追偿是国家基于执法机关与执法人员之间的特别权力关系而对执法人员实施的制裁形式。这并不妨碍对有故意或重大过失的执法人员追究其他法律责任。对此，《国家赔偿法》第 14 条款规定：“对有故意或重大过失的责任人员。有关机关应依法给予行政处分；构成犯罪的，应依法追究刑事责任。”

主要参考书目

1. 罗豪才主编:《行政法学》,中国政法大学出版社 1996 年版。

2. 应松年主编:《行政法学新论》,中国方正出版社 1998 年版。

3. 支馥生主编:《行政法教程》,武汉大学出版社 1991 年版。

4. 叶必丰著:《行政法学》,武汉大学出版社 1996 年版。

5. 胡建淼著:《行政法学》,法律出版社 1998 年版。

6. 王连昌主编:《行政法学》,中国政法大学出版社 1997 年修订版。

7. 张尚鷟主编:《走出低谷的中国行政法学》,中国政法大学出版社 1991 年版。

8. 杨解君 孙学玉著:《依法行政论纲》,中共中央党校出版社 1998 年版。

9. 方世荣著:《论具体行政行为》,武汉大学出版社 1996 年版。

10. 朱维究著:《行政行为的司法监督》,山西教育出版社 1997 年版。

11. 杨惠基著:《行政执法概论》,上海大学出版社 1998 年版。

12. 张庆福主编:《行政执法中的问题及对策》,中国人民公安大学出版社 1997 年版。

13. 王连昌吴中林主编:《行政执法概论》,中国人民公安大学出版社 1991 年版。

14. 高帆主编:《行政执法手册》,中国法制出版社 1990 年版。

15. 刘志才主编:《保密法概论》，金城出版社 1996 年版。
16. 国家保密局主编:《保密法制宣传教育讲话》，金城出版社 1997 年版。
17. 国家保密局编著:《保密工作概论》，金城出版社 1991 年版。
18. 国家保密局编:《保密工作文件选编》，金城出版社 1990 年版。